Paul Chacornac

LA VIDA SIMPLE
DE RENÉ GUÉNON

Paul Chacornac
(1884-1964)

LA VIDA SIMPLE DE RENÉ GUÉNON

La vie simple de René Guénon, Paris,
Éditions traditionnelles, 1957

© Omnia Veritas Ltd - 2019

Publicado por
Omnia Veritas Ltd

www.omnia-veritas.com

Reservados todos los derechos. No se permite la reproducción total o parcial de esta obra, sin autorización previa y por escrito de los titulares del *copyright*. La infracción de dichos derechos puede constituir un delito contra la propiedad intelectual.

PRÓLOGO 9

CAPÍTULO I 16
   AÑOS DE INFANCIA Y DE ADOLESCENCIA 16

CAPÍTULO II 28
   EN BUSCA DE "LA PALABRA PERDIDA" 28

CAPÍTULO III 36
   "EX ORIENTE LUX" 36

CAPÍTULO IV 53
   PRIMEROS COMBATES 53

CAPÍTULO V 59
   MEDITACIÓN SILENCIOSA 59

CAPÍTULO VI 63
   LAS LLAMADAS DE ORIENTE 63

CAPÍTULO VII 89
   REBELIÓN CONTRA EL MUNDO MODERNO 89

CAPÍTULO VIII 104
   EN EL PAIS DE LA ESFINGE 104

CAPÍTULO IX 117
   EL ANUNCIADOR 117

CAPÍTULO X 130
   EL "SERVIDOR DEL ÚNICO" 130

CAPÍTULO XI 138
   DESPUÉS DE LA PARTIDA DEL SEMBRADOR 138

OTROS LIBROS 153

PRÓLOGO

Vamos a hablar de un hombre extraordinario en el sentido más estricto de la palabra. Pues no es posible definirlo ni "clasificarlo".

Aunque no fue un orientalista, nadie mejor que él conocía el Oriente. No fue un historiador de religiones, aunque supo, más que nadie, hacer salir a la luz el fondo que todas tienen en común y la diferencia de sus perspectivas. Tampoco fue un sociólogo, aunque nadie analizó con más profundidad las causas y los males que padece hoy día la sociedad moderna y por las cuales perecerá sin duda, si no se aplican los remedios que él indicó. No fue un poeta, aunque un adversario suyo reconoció que su obra era como un encantamiento capaz de satisfacer la imaginación más exigente. No fue un ocultista, aunque abordara temas que antes que él se englobaban bajo la denominación de ocultismo. Y sobre todo no era un filósofo, a pesar de haber enseñado filosofía y haber sabido demostrar la inanidad de los sistemas filosóficos cuando los encontró en su camino.

Se podría decir que fue un metafísico. Pero la metafísica que él exponía tenía muy poco que ver con la de los manuales, así es que no podemos calificarlo como tal, sin provocar un grave malentendido.

A parte de esto, él mismo escribió que no podía aplicársele ninguna de las etiquetas habituales en el mundo occidental.

Este hombre extraordinario por su inteligencia y su saber fue, durante toda su vida, un hombre oscuro. Jamás ocupó un puesto oficial; sus obras no conocieron nunca las grandes tiradas editoriales y tampoco figuraron en las revistas importantes. A veces se ha dicho que a su alrededor se hizo la conspiración del silencio. Quizá. De todos modos él nunca hizo nada para romperla y ciertamente no le disgustaba.

Entendámonos, su obra suscitó enseguida la admiración ferviente y la adhesión de ciertos espíritus cansados de los mediocres alimentos intelectuales que ofrecía el mundo moderno y que esperaban impacientes, un mes tras otro, tomas de posición y precisiones doctrinales respecto de las diversas corrientes de pensamiento. Estos lectores nunca alcanzaron el millar, repartidos por todo el mundo. Pero en la noche del 9 de enero de 1951, la radiodifusión francesa anunciaba la muerte de René Guénon, acaecida la ante víspera. En la prensa diaria y semanal así como en las más importantes revistas, aparecieron artículos que comentaron la personalidad y la obra del hombre que no había conocido más que el silencio. Nos ha parecido que esta brusca salida a escena, hacía necesaria esta obra.

Casi nos sentimos tentados de excusarnos por haberla emprendido, pues una biografía de René Guénon puede, con razón, sorprender a sus lectores habituales y a los amigos que le conocieron.

En efecto René Guénon dijo muchas veces que en el ámbito tradicional, el único que tenía importancia a sus ojos, las individualidades no contaban.

Pero nada podemos contra el hecho de que en el mundo en que vivimos, a falta de poder escribir la historia, se construyan leyendas con intenciones que pueden ser muy diferentes a la realidad y hasta opuestas.

Por lo que hemos creído obrar en nombre de la verdad, aunque de manera harto modesta, estableciendo o restableciendo hechos que se refieren a la obra de René Guénon. Será en el mundo de los hechos reales en el que nos mantendremos. Es decir, que no se encontrará aquí un "psicoanálisis de René Guénon" como se suele decir hoy día. Explicar una obra literaria o filosófica, a través de un temperamento o un carácter, sin duda podrá a veces justificarse. No sería serio en una obra tan desindividualizada como es la de Guénon; ante un hombre que se negaba a tener una ideología personal y que jamás reivindicó otro mérito que el de ser el portavoz discreto y concienzudo de una tradición inmemorial que trasciende todo pensamiento y todo sentimiento humanos.

Lo que, sin duda, es más extraordinario en René Guénon, es la desaparición total de su individualidad ante la doctrina que formula.

Hemos recogido un cierto número de hechos, de textos impresos, de correspondencias privadas, de testimonios directos de personas que conocieron a Guénon. Muchos otros se nos han escapado y algunos entre los más importantes se escaparán para siempre de la investigación del historiador.

No hemos intentado disimular estas lagunas; cuando no hemos sabido algo lo hemos dicho y cuando nos parecía que podíamos formular una hipótesis la hemos presentado como tal.

También hay en nuestro trabajo lagunas voluntarias

pero se convendrá y se comprenderá que no puede ser de otra manera cuando se escribe sobre una época tan cercana a los acontecimientos que se relatan. No podíamos citar a terceras personas sin su autorización y no podía ni siquiera plantearse el pedirla.

Sobre todo en el período del comienzo de 1929 hasta el final de ese año, se podría haber dicho más de lo que se ha dicho, sobre todo en lo que se refiere a las esperanzas y decepciones vividas por Guénon relativas a ciertas prolongaciones de su obra. Pero no hubiera sido nada agradable para algunas personas y ciertamente Guénon no lo hubiera deseado. Incluso en el terreno de los hechos, hay omisiones de las cuales no nos decidiremos a hablar a menos que nos obliguen manifestaciones importantes.

Debemos abordar ahora una cuestión personal. Nos excusamos por ello, pero no vemos el modo de evitarlo.

Quizás algunas personas no hayan olvidado que publicamos en 1926 un libro titulado "Éliphas Levi", renovador del ocultismo y podrían extrañarse que hagamos hoy la biografía de René Guénon, el cual en un momento dado había proyectado escribir; "*Une Erreur Occultiste*" como continuación a sus obras de crítica; "*Le Theosofisme*" y "*L'Erreur Spirite*". No sentimos ningún escrúpulo al reconocer que si seguimos encontrando atractiva la figura de Éliphas Levi, no por ello volveríamos a escribir nuestro libro de la misma manera... Si Dios nos da vida publicaremos una nueva edición, trayendo a colación las puestas a punto necesarias.

¿Quién podría asombrarse de esto?, pues, ¿de qué serviría vivir y envejecer si no se aprendiera nada? Nosotros creemos haber aprendido un poco desde un tercio de siglo...

gracias a Guénon hemos revisado muchas cosas.

Nos parece sin embargo que los admiradores de Guénon y sobre todo los más jóvenes son a veces un poco demasiado severos con todo lo que le precedió; nos parece que olvidan lo difícil que era en el Occidente moderno, antes de Guénon, adquirir nociones exactas sobre el esoterismo, la iniciación y las ciencias tradicionales; nos parece que olvidan también cuántos esfuerzos debieron hacer y cuántas inquiÉtudes pasaron, los que en la mitad del siglo XIX tuvieron un presentimiento de un más allá del exoterismo. En un artículo reciente sobre *"Les idées traditionelles au temps des grandes illusions"*, Mme. Marie-Paule Bernard recordaba oportunamente; "Con la introducción del *Dogme et Rituel de la Haute Magie* de Éliphas Levi, en 1861, que bajo el nombre de "filosofía oculta" se reafirmaba la unidad fundamental de las tradiciones, simultáneamente aparece entonces la concepción de esoterismo en sus dos aspectos de iniciación sacerdotal y de iniciación real.

"A través del velo de todas las alegorías hieráticas y misteriosas de los antiguos dogmas, a través de las tinieblas y las extrañas pruebas por las que había que pasar en todas las iniciaciones antiguas, bajo el sello de todas las escrituras sagradas, en las ruinas de Nínive y de Tebas, bajo las desgastadas piedras de los antiguos templos y en el rostro ennegrecido de las esfinges de Asiria o de Egipto, en las pinturas maravillosas o monstruosas que explican a los creyentes de la India las páginas sagradas de los Vedas, en los extraños emblemas de nuestros viejos libros de alquimia, durante las ceremonias de recepción que se practican en todas las sociedades misteriosas, se encuentran por todas partes las mismas huellas y en todas partes están cuidadosamente escondidas.

La filosofía oculta parece haber sido la madrina o la nodriza de todas las religiones, la palanca secreta de todas las fuerzas intelectuales, la llave de todas las oscuridades divinas y la reina absoluta de todas las épocas donde estaba reservada a la educación de sacerdotes y de reyes"[1].

Sin duda con respecto a esta tradición esotérica que él, al igual que Cornelio Agrippa, llama "filosofía oculta", Éliphas Levi no ha entrevisto el aspecto metafísico; sin duda dio demasiada importancia a ciertas ciencias tradicionales secundarias pero no por ello resulta menos bella o menos significativa la página. Mme. Marie-Paule Bernard añadía al margen; "Para los lectores que se asombren de vernos citar aquí a Éliphas Levi, les recomendaremos lo que escribía René Guénon con respecto a este autor: "Éliphas Levi sería el primero en desautorizar a sus presuntos sucesores, a los cuales él era sin duda muy superior intelectualmente, a pesar de estar lejos de ser lo profundo que quería parecer y teniendo la equivocación de ver las cosas a través de la mentalidad de un revolucionario de 1848. Si nos hemos entretenido un poco discutiendo su opinión, es porque sabemos cuán grande fue su influencia, incluso sobre los que no le entendieron y porque creemos que es bueno fijar los límites en los cuales su competencia puede ser reconocida."

René Guénon dejó por lo tanto bien claro que él no creía que Éliphas Levi fuese totalmente solidario con el movimiento ocultista nacido hacia el final del siglo XIX y también que le reconocía una cierta "competencia" que debe sin duda atribuirse al mundo intermedio.

---

[1] *Études Traditionnelles*, dic. 1956, p. 337-339.

Vamos a intentar, para concluir, hacer resaltar en qué medida fue Guénon el continuador de una corriente de pensamiento poco conocida en el siglo XIX y en qué medida su "aportación" fue verdaderamente "nueva" para el Occidente moderno.

Veremos que la parte que le corresponde es lo bastante grande y lo bastante bonita, para que se pueda, al mismo tiempo que se rinde a René Guénon una admiración sin reservas, no dejar de reconocer los méritos de investigadores sinceros, quizás menos dotados y en todo caso menos afortunados que él.

CAPÍTULO I

AÑOS DE INFANCIA Y DE ADOLESCENCIA

Sin poder remontarnos demasiado lejos en el pasado, en cuanto a la genealogía de la familia de René Guénon, hemos podido sin embargo encontrar quiénes fueron sus antepasados a partir de comienzos del siglo XVIII; así hemos podido constatar que desde esa época sus ascendientes eran todo lo puramente franceses que se pueda imaginar, siendo todos ellos originarios de las provincias angevinas, del Poitou y de Tours.

El primer representante de la rama, del que hemos podido encontrar huella, es Jean Guénon[2], nacido en Saumur[3] en 1741. Era un propietario vinícola de la "Valée", de la cual se dice: "¿Qué más angevino, hombres o cosas, que la Valée con una gran V? Es el Loira quien la ha hecho, que ha formado y enriquecido su suelo. Es el país del

---

[2] Este linaje no tiene nada que ver con el de los Guénon de Livorno, como algunos han creído.

[3] Saumur se llamó en un principio Saulmeur, después Saumeur, que según algunos quiere decir: "bajo el muro"; según otros "salvo el muro" *(Salous murus)*.

maridaje de los vinos Saumurenses."⁴

Este propietario vinícola tuvo un hijo, llamado como él, Jean, nacido en 1773, que casó con Marguerite Lamiche, originaria de la comuna de Albonnes, no lejos de Saumur, donde nació en 1768.

Habiendo Jean Guénon sucedido a su padre en la propiedad, vivía con su mujer en Saumur, en la "section de l'Unité", que más tarde se convirtió en el barrio del Pressoir y actualmente es el barrio de Nantilly. En este barrio está la iglesia de Nuestra Señora, que es la más antigua de Saumur; rica en recuerdos tales como el oratorio del Rey Luis XI, y en belleza por los magníficos tapices que la adornan.⁵

Su hijo Jean-Baptiste nació el 17 de junio 1799. Casó con Marie-Adelaide Chaillou, natural del burgo de Herbiers (Baso-Poitou) en 1803. Después de la boda el joven matrimonio se fue a Saumur para ir a vivir a Brezé, "allí donde se alinean en buen orden y entre bosquecillos, los batallones de viejas cepas."

Es en este pequeño burgo del Saumurés, donde murieron, él, el 10 de octubre del 1872, ella el 23 de abril de 1873.

Tuvieron dos hijos: el mayor Jean-Baptiste, vino al mundo en Brezé, el 28 de abril de 1830, el menor, Jules, en el mismo lugar, en 1833. El mayor Jean-Baptiste, no queriendo seguir el oficio de su padre, prefirió cursar estudios para la carrera de arquitecto, en cuanto a su hermano Jules, siguió manteniendo el estandarte de la

---

⁴ Ch. Baussan: *L'Anjou*. París, Arthaud, 1946, p. 31.
⁵ Ch. Baussan. *Ob.cit.*, pp. 88-95.

familia y se fue a vivir a Coudray-Macouard, no lejos de Brezé.

Jean-Baptiste, ya arquitecto, casó en primeras nupcias con Marie-Clementine Desnoyers que murió el 17 de octubre de 1881, sin dejar ningún hijo. Un año después, el 22 de Julio de 1882, a los 52 años de edad, contrajo segundas nupcias con Anna-Leontine Jolly, nacida en Averdon, cerca de Blois, el 23 de octubre de 1849, hija de Agustín Jolly, propietario, (muerto en 1867) y de Anastasia Johannet, domiciliada en Blois.[6]

El matrimonio se instaló en esta ciudad, en una casita de la calle Croix-Boissée, situada en el faubourg de Viena, en la orilla izquierda del Loira.

Sabemos que Blois fue en la antigüedad llamada "villa de lobos", porque es muy verosímil que su nombre fuera primitivamente "Bleiz o Beleiz"[7], nombre celta de lobo y que era un símbolo de Belén; lo mismo fue entre los griegos el Apolo de Licia, con una curiosa aproximación entre la designación de lobo *(lukos)* y de la luz *(luke)*.[8]

Blois se convirtió más tarde en la villa de los reyes, habiendo sido elegida varias veces como lugar de educación de los príncipes de Francia.

Es en esta casa de la calle Croix-Boissée donde nació el

---

[6] Jean Mornet, *Autour de René Guénon Extr. Bullet, des Anciens Elèves du Lycée de Blois*. 1955.
[7] *Corresp. de René Guénon avec P. Gentry*, 1929.
[8] Esta etimología es tanto más exacta cuanto que el Blesois estaba cubierto de vastos y sombríos bosques: el primer escudo de la villa llevaba un lobo por emblema. Caplat. *Petite Histoire de Blois*, Blois 1947, p. 8.

15 de noviembre de 1886, René-Jean Marie Joseph Guénon.

Sus padres, muy católicos, lo hicieron bautizar provisionalmente en su casa el 4 de enero de 1887 por el cura de San Saturnin de Vienne y este mismo sacerdote le administró el 15 de noviembre de 1887, el complemento de la ceremonia del bautismo. Anotemos que su madrina fue su abuela materna.[9]

La iglesia de San Saturnin "pertenece en su mayor parte a la última época del gótico flamígero"[10]. Fue reconstruida y restaurada gracias a la piedad de dos reinas; Ana de Bretaña y Catalina de Medicis. Llama la atención un exvoto que recuerda la promesa hecha por la ciudad de Blois a María Auxiliadora para que acabara la peste (1531).

Al lado de la iglesia se encuentra un antiguo camposanto, que data del siglo XV "adornado con capiteles en cuyas esculturas se reúnen los atributos al Amor y la Muerte[11]. Especie de figuración de la "danza de la muerte", muy difundida hacia el final de la Edad Media.

Fue desde su nacimiento René Guénon una persona de salud frágil. Sin duda la pena que sintió su madre, poco antes de nacer él, debida a la muerte de una pequeña hija suya de tres años de edad, tuvo que ver en ello; pero a fuerza de atentos cuidados por parte de sus padres, pudo vencer la enfermedad; sin embargo su estado de salud fue siempre

---

[9] Según la copia del certificado de Bautismo de la Iglesia de Saint-Saturnin, 25 de abril de 1951.
[10] F. Bournon. *Blois, Chambord et les Châteaux du Blesois.* París 1908, p. 73.
[11] R. Guénon, *Aperçus sur l'Ésotérisme Chrétien,* París 1945, p. 51, nota 2.

delicado.

Cuando tuvo 7 años, su padre ya había llegado a ser un experto arquitecto de la "Sociedad Aseguradora La Mutua de Loire-et-Cher"[12]. Realizaba también planos y trabajos de geometría para notarios o particulares. En aquella época dejó la calle Croix-Boissée para ir a instalarse en una casa mayor, con jardín, en el faubourg de Foix[13], en la ribera derecha del Loira. Esta casa tiene dos entradas; una de servicio, en el 74 de la calle de Foix[14]. La entrada principal se abre sobre el muelle del Foix que da al Loira. La fachada de esta entrada principal está bordeada de un muro bajo, coronado de una alta reja de hierro, recubierta por una capa de vegetación; hacia la mitad de este muro enrejado hay una puerta de hierro de dos batientes que se abre a un jardín, al que un espeso tilo proporciona sombra. El tamaño de este jardín es igual al de la casa. Una terraza con una alzada de tres escalones da acceso a la morada.

El cuerpo del edificio se compone, en la planta baja, de cuatro habitaciones divididas por dos pasillos colocados en forma de cruz que desembocan, uno a la puerta de la calle de Foix y otro a una escalera que sube al primer piso, en donde cuatro habitaciones se abren al descansillo de la escalera. Otra escalera conduce a un inmenso trastero

---

[12] La Sociedad tenía su Sede en el Hotel d'Alluye, hotel suntuoso de comienzos del siglo XVI, que es de su propiedad. L. de la Saussaye. *Blois et ses environs* Paris, 1873, p. 96.

[13] Este nombre proviene de un terreno que pertenecía al fisco real y que ha conservado por esta razón el nombre de Faubourg de Foix *(Suburbium de fisco)* Dr. F. Lesueur. *L'Église et l'Abbaye de St-Laumer de Blois* 1925, p. 9.

[14] El General Hugo, padre del célebre poeta, vivía en esta calle, donde murió en 1823.

abuhardillado.[15]

Más tarde, esta casa se convirtió para René Guénon en "lugar privilegiado" a donde le gustaba venir de vez en cuando a sumergirse en la atmósfera familiar de su juventud.

Su infancia causó muchas preocupaciones a sus padres, a causa de su delicada salud. La hermana de su madre, que vivía en la casa vecina y cuyo nombre de casada era Mme. Duru, no tenía hijos y le tomó un gran afecto. Lo cuidaba y mimaba como a un hijo. Y como fuera institutriz de una escuela de Blois, le inculcó los primeros rudimentos de estudio.

Durante este tiempo su crecimiento fue rápido y hacia la edad de 11 años era ya esbelto y alto.

René Guénon hizo su primera comunión el 7 de junio de 1897, en la iglesia de San Nicolás. Este iglesia, la más bonita de la región de Blois, es un notable edificio gótico del siglo XII. En aquella época era no solamente la iglesia y abadía benedictina de St. Laumer sino también una de las etapas de la ruta Jacobea[16] Incluso se dice que sus constructores se inspiraron en la célebre Catedral de Chartres para alguna de sus partes.

Fue en la apertura de curso del octubre de 1898 con apenas 12 años, cuando René Guénon entró en el colegio de Maria Auxiliadora, que por cierto debió recordarle la capilla de su bautizo. El colegio era un establecimiento religioso de enseñanza de segundo grado, dirigida por curas

---

[15] Carta de Mlle. B…
[16] Dr. Lesueur. *Suir. cit.* pp. 57 y 59.

seculares. Los cursos se daban en común con los del pequeño seminario. Estaba en la calle Franciade, en la parte más alta de la ciudad de Blois. En aquella época el colegio estaba dirigido por el Canónigo Orain. La notable inteligencia que poseía le hizo comprender rápidamente y digerir el bagaje necesario para convertirse en un destacadísimo alumno y fue muy a menudo el primero de la clase. Estuvo en este colegio desde octubre de 1898 y se fue de allí estando en segundo grado por causa del siguiente incidente.

"Era, nos dice el Canónigo Boiteau, un alumno brillante, siempre el primero de su clase. Desgraciadamente, en segundo se produjo un incidente poco corriente. Fue clasificado segundo en una composición de francés, por su profesor Simón Davancourt. Su padre fue a quejarse al profesor, quien le propuso para justificarse, cosa que no se hace jamás, que leyera la copia del primer alumno y la de su hijo y le declaró que si admitía que la copia del primero era mejor que la de su hijo, él lo clasificaría el último o viceversa. El padre tuvo que reconocer que, efectivamente, el primero merecía verdaderamente el primer lugar. Entonces el profesor clasificó a René Guénon el último y su padre, ofendido, ingresó a su hijo en otro colegio. El colegio Augustín Thierry[17]. Ahora bien, esta decisión fue tomada por M. Guénon, padre, a resultas de una algarada que él mismo describe en una carta dirigida al Canónigo Orain, director del colegio, el 20 de noviembre de 1901:

"Creo mi deber informarle a Vd. que ayer tarde y durante más de una hora y además en plena calle, el Señor S. (profesor) ha hecho a mi hijo una escena que lo ha puesto

---

[17] Carta de l'Abbé E. Boitard, profesor del colegio de N-D. des Aydes, 18 abril 1951. El Abbe Boitard murió el 13 de Abril de 1952.

enfermo. Llegando a casa, mi hijo ha tenido que meterse en cama con fiebre alta. Tememos que sobrevengan complicaciones y estamos muy inquietos."

Entra, por lo tanto, Guénon en el colegio de Agustín Thierry, en Enero 1902, como alumno de retórica[18].

"El colegio estaba agradablemente situado a orillas del Loire, con una vista magnífica sobre el caudaloso río que ya en Blois adquiere toda su gloria y su dulzura. Los edificios no eran otros que los de la antigua abadía de N. D. du Bourg-Moyer (de la orden de S. Agustín) y los locales en la época que estuvo el joven Guénon de alumno pecaban de una vetustez que contrastaba con el aspecto seductor del exterior.

Entre los recuerdos interesantes del viejo establecimiento escolar (que ha sido completamente destruido junto con sus archivos por un incendio durante el bombardeo de junio de 1940) es notable la capilla (dos naves abovedadas del siglo XIII) y que fue antaño el estudio en donde Augustin Thierry vivió las primeras emociones del historiador. Aún llamaba la atención por aquella época, en el gran salón de la administración, un hermoso retrato representando al antiguo rector Louis de Saussaye, que ha dado su nombre al muelle que rodea el establecimiento"[19].

Al cabo de pocos meses René Guénon era ya considerado por sus profesores como un excelente alumno, bajo todos los puntos de vista; bien dotado y trabajador.

---

[18] Jean Mornet. *Guénon à Blois* Estracto del *Bullet, de l'Asotiation d'Anciens Elèves du liceé de Blois*, 1954, p. 2.
[19] Carta de M. Bière, antiguo economista del colegio.

Desgraciadamente, su salud siempre precaria le impedía a menudo seguir los cursos del colegio; sin embargo, a costa de grandes esfuerzos, consiguió presentarse en el Concurso General para versión latina.

El año siguiente, 1903 estando en filosofía, R. Guénon fue el mismo alumno inteligente y reflexivo que nunca cesó de estar a la cabeza de su clase. De nuevo tomó parte en el Concurso General de Ciencias y Filosofía y obtuvo un accésit en Física. En esta ocasión la Sociedad de Ciencias y Letras de Blois, le concedió un premio.

Habiendo obtenido el título de bachiller el 2 de agosto de 1902 en su primera parte, consiguió el 15 de julio de 1903 ser bachiller en filosofía, con la mención de "bastante bien"[20].

Empezó a estudiar matemáticas elementales en 1904 y en seguida demostró "aptitudes excepcionales" en esta rama del saber universitario, recibiendo el más alto premio del colegio: la medalla ofrecida por la Asociación de Antiguos Alumnos[21].

Señalemos que ese año su profesor de filosofía declara: "Excelente alumno, en el cual su celo por la filosofía es tanto más meritorio, en cuanto es desinteresado". Este profesor se llamaba Lecleres y era apodado por los colegiales "El Excelente". Debía ser nombrado al año siguiente profesor en la Universidad de Friburgo, en Suiza. Los alumnos que él formó en Blois estuvieron todos

---

[20] Declaraciones suministradas por el servicio del Baccalaureat, en París.
[21] Todas las indicaciones que conciernen al colegio Agustin Thierry han sido extraídas del libro escolar de René Guénon.

marcados por su fuerte personalidad. ¿Qué parte tuvo en la formación de René Guénon?"[22]

Llegado al término de sus estudios, los profesores de su colegio lo alentaron vivamente a seguir sus clases de matemáticas en París.

Es por lo que en octubre de 1904, René Guénon fue a París y se hizo admitir en calidad de candidato a la escuela Politécnica, en el colegio Rollin, es decir, como alumno de matemáticas especiales, siendo su intención obtener su licencia en matemáticas.

Sin embargo, si bien fue un excelente alumno en Blois, en París, por el contrario, sus nuevos profesores, aun reconociendo su buena voluntad y su ardor en el trabajo, le hicieron comprender que no debía continuar por ese camino[23].

Otra vez, allí, la lentitud de su progreso en las matemáticas venía sobre todo de su salud precaria que le impedía seguir regularmente los cursos.

A fin de conciliar su estado de salud con la continuación de sus estudios, Guénon se inscribió (1905-1906) en una agrupación amigable llamada "Asociación de Candidatos a la Escuela Politécnica y a la Escuela Normal"[24], en vistas a seguir cursos complementarios; pero fue en vano por estar, al decir de sus profesores del Rollin, "aun lejos del nivel del examen"; así fue como abandonó esa meta, y ese fue el final

---

[22] Jean Mornet, *art.cit.* p. 3.
[23] Los informes proporcionados por Mr. le Provisseur del lycée Jacques-Decour, antiguo colegio Rollin.
[24] Esta asociación ya no existe.

de sus trabajos universitarios.

Desde su llegada a París había tomado habitación en el Barrio Latino, pero el ambiente estudiantil descorazonó enseguida a un ser amante sobre todo de la calma y la tranquilidad. Así se fue en busca de un lugar más tranquilo y fue en l'Ile Saint-Louis donde encontró el lugar soñado donde, lejos de la muchedumbre, pudo vivir su vida, dedicada totalmente, a partir de entonces, al estudio.

Esta isla está dividida en dos mitades por una calle bastante ancha, muy comercial, que da la impresión del trazado de un árbol de largo tronco, en el cual las callejuelas adyacentes son las ramas, y es en el 51 de esta calle, en una antigua casa señorial, habilitada para apartamentos, donde fue a vivir nuestro amigo.

Era el antiguo palacio Chesniseau, construido a principios del siglo XVIII (1730), "cuyos jardines se extendían en aquella época hasta el muelle de Orleans, sobre el que se abría otra entrada, entre dos pequeños pabellones. En este palacio estuvo el arzobispado en 1840. Y es allí donde, en 1848, fue llevado Monseñor Affre, después de fallecer el 25 de junio ante una de las barricadas del *faubourg* St. Germain.

"La fachada que da a la calle St. Louis en l'Ille es extraordinaria por su puerta de salientes de sinuosos labrados, su gran balcón de hierro dentado, sostenido por dos ménsulas con dragones y mascarones y su frontispicio Louis XV, del más puro estilo rococó. Al fondo de un gran patio enlosado[25], se puede ver una especie de pórtico muy

---

[25] Este patio interior estaba ocupado en 1906 por los hornos de la galletería Brateau, hoy desaparecida.

decorativo con, en el centro, un medio rosetón fulgurante de rayos, que parece o figura un sol"[26].

A la derecha, un edificio que hace saliente sobre el patio, está muy desfavorecido por una serie de escalones, llamados "escalera F", escalera estrecha y sombría, extrañamente perfilada. Y allí, en el tercer piso, se encontraba al fondo de un sombrío pasillo el pequeño apartamento que René Guénon habitó durante más de *25* años y que ya entonces tenía el perfume un poco polvoriento de las meditaciones de otra época. Se entraba por un estrecho vestíbulo, sobre el que se abrían dos puertas: la de una cocina espaciosa y la de una habitación que hacia a la vez de comedor y de recibidor. Después seguidos, dos dormitorios. Grandes ventanales dando al patio interior, proporcionaban luz al apartamento. Y si la cocina y la sala se alumbraran con gas, las habitaciones de dormir, por la noche, sólo tenían la luz de lámparas de velas.

Por aquella época, René Guénon había llegado a ese período de la vida en que frecuentemente el espíritu ya no se satisface sólo con estudios clásicos. Creyó como muchos antes y después de él, encontrar un ensanchamiento de su horizonte espiritual, volviéndose hacia las doctrinas neo-espiritualistas, tan en boga en aquella época.

---

[26] G. Pillement, *Les Hôtels de l'île Saint-Louis,* París 1951, p. 17.

CAPÍTULO II

EN BUSCA DE
"LA PALABRA PERDIDA"

El movimiento ocultista que había comenzado ya en 1888, tenía por jefe incontestable al Doctor Encausse, que bajo el pseudónimo de Papus dirigía entonces el grupo independiente de estudios esotéricos, del que dependía la Escuela Hermética frecuentada por numeroso público. Esta escuela, situada en el número 13 de la calle Séguier, daba sus cursos cuatro veces a la semana y sus profesores eran Papus, Barlet, Sedir, Phaneg, etc...

René Guénon fue llevado a esta escuela por un amigo. Aportando a esa búsqueda la seriedad y el cuidado meticuloso que ponía en todos sus trabajos se le admitió enseguida en todas las organizaciones que se agrupaban alrededor de ese movimiento.

Hoy día cuando sabemos, sobre todo gracias a él, a qué atenernos en cuanto al carácter fantasioso o irregular de estas organizaciones, se puede experimentar sorpresa al enterarse que Guénon haya pertenecido a ellas. Es esa una cuestión que se debe abordar francamente y que no disminuye en nada la penetración de nuestro amigo.

No había en efecto nada de inverosímil, *a priori*, en que

la antigua orden de los "Elus Coens", fundada en el siglo XVIII, por Martines de Pasqually, haya sobrevivido hasta el final del siglo XIX y que una transmisión regular haya dado lugar al nacimiento de la Orden Martinista. Ahora sabemos que no había nada de tal en esa Orden.

No sabiéndolo entonces, René Guénon, logró hacerse admitir en la Orden Martinista, que a decir de su fundador era "una Orden de Caballería Cristiana", que respetaba la libertad intelectual y moral de todos sus miembros, departiéndoles una instrucción elevada sobre el simbolismo, el iluminismo y sus adaptaciones[27]. Como puede verse era todo un programa.

Guénon revelará más tarde que esta Orden debía servir primitivamente de "antecámara" a una organización de carácter más serio, que se designaba generalmente por las iniciales "H. B.of L." es decir: *Hermetic Brotherhood of Luxor*, que poseía todavía, parece ser, conocimientos reales del mundo sutil. Pero este proyecto jamás desembocó en nada, pues en la época en que Guénon entró en la Orden Martinista, la H. B. de L., estaba desde hacía tiempo "en sueños". Sin embargo poco después, Guénon recibió de Barlet, ciertos documentos que provenían de ella.

Ya dentro de la Orden Martinista, después de haber superado los dos primeros grados, fue investido del tercero, es decir, se convirtió en "S:: I::" (Superior Desconocido) investido por Phaneg. Tomó entonces conocimiento de los cuadernos de la orden para ser él mismo iniciador y más tarde le proveyeron de un título de delegado general para

---

[27] Papus, *L'Occultisme et son état actuel*, en *L'Initiation*, Mayo de 1907, p. 110.

Loire-et-Cher.

A continuación ingresó en dos Obediencias Masónicas, que estaban en relación de amistad con la Orden Martinista. La primera era la Logia Simbólica Humanidad, número 240, del Rito Nacional Español, traído a Francia por Don Villarino del Villar y del cual Teder era el Venerable. La segunda era el Capítulo y Templo "INRI" de Rito Primitivo y Original Swedenborgiano. En esta obediencia recibió de Theodore Reuss, Gran Maestre del Gran Oriente y Soberano Santuario del Imperio de Alemania, el cordón de seda negra del Kadosh.

Cuando el Congreso Espiritualista y Masónico de 1908 (nosotros estábamos encargados de toda la parte administrativa, con *Le Voile d'Isis,* como órgano oficial) que tuvo lugar del 7 al 10 de junio, en la gran sala de las Societés Savantes, René Guénon estaba presente como secretario de despacho.

Estuvo en el estrado de honor, revestido de su cordón. Fue su única participación en el Congreso, pues se retiró chocado por una frase dicha por Papus en su discurso de apertura: "Las sociedades futuras serán transformadas por la certeza de dos verdades fundamentales del espiritualismo: la sobrevivencia y la reencarnación"[28].

De resultas y después de este Congreso, fue creado en el Templo del Rito mixto del Derecho Humano, un Gran Consejo Soberano del Rito de Memphis-Misraim para Francia y sus dependencias. La patente constitutiva fue entregada por el Soberano Santuario de Alemania, firmado y sellado el 24 de junio en Berlín, por el gran Maestro

---

[28] *L'Initiation,* junio de 1908, p. 200.

Theodore Reuss (Peregrinos) que asistía al Congreso. La Logia Humanidad anteriormente ligada al Rito Español se convirtió en Logia Madre para el Rito Memphis Misraim[29]. Añadamos que Guénon fue provisto con una patente de 30°-90°.

En el curso de este congreso, Guénon se encontró con Fabre des Essarts, que bajo el nombre de Synesius, era el patriarca de la Iglesia Gnóstica y le pidió ser admitido en esta Iglesia.

Todas estas organizaciones se presentaban con un carácter más o menos secreto; para conocerlas era necesario ingresar en ellas, pues era natural que no proporcionaran al público las pruebas de su filiación.

La actitud de René Guénon en este período de 1906-1909[30] era por lo tanto perfectamente natural y debía en el porvenir revelarse completamente "providencial" puesto que ha impedido que otros después que él se comprometieran en esos caminos sin salida o al menos que perdiesen su tiempo.

A los que más tarde le reprochaban esta actitud, él contestaría: "Si hemos tenido en una cierta época, que meternos en esos ambientes, es por razones que sólo a nosotros conciernen"[31].

He aquí, por lo tanto, en términos claros y precisos, lo

---

[29] J. Bricaud, *Notas históricas,* Lyon 1928, p. 11.
[30] Se encuentran en los números de enero 1909 de *L'Initiation,* dos nomenclaturas de actividades mensuales de la Escuela Hermética, firmadas R.G.S I. Fue su única colaboración a esta revista.
[31] *Le Voile d'Isis,* Mayo de 1932, p. 351.

que él pensaba del movimiento neo-espiritualista, con respecto a sus diversas escuelas:

"Es imposible asociar doctrinas tan dispares como son todas las que se alinean bajo el nombre de espiritualismo; todos estos elementos no podrán jamás constituir un edificio estable. La equivocación de la mayor parte de estas doctrinas pseudo-espiritualistas, es el de no ser más que materialismo transpuesto a otro plano y de querer aplicar al patrimonio del espíritu los métodos que la ciencia ordinaria emplea para el estudio del mundo hílico. Estos métodos elementales no darán jamás a conocer otra cosa que simples fenómenos sobre los que es imposible edificar una teoría metafísica cualquiera, pues un principio universal no puede inferirse de hechos particulares.

Por otro lado, la pretensión de adquirir conocimientos del mundo espiritual por medios materiales, es evidentemente absurda; solamente en nosotros mismos podemos encontrar los principios de este conocimiento y no en cosas exteriores"[32].

Habiéndose convencido que las organizaciones ocultistas no detentaban ninguna enseñanza seria y dirigían a sus miembros a un falso espiritualismo incoherente y desprovisto de base tradicional, René Guénon pensó en agrupar los elementos más interesantes de estas organizaciones.

Una extraña circunstancia le brindó la ocasión. Justamente al comenzar 1908, varios miembros de la Orden Martinista, reunidos en un hotel del n° 17 de la calle de

---

[32] *La Gnose et les écoles spiritualistes,* en la *Gnose,* diciembre de 1909, p. 20.

Canettes, cerca de Saint-Sulpice, obtuvieron ciertas comunicaciones por "escritura directa".

Ahora bien cierto día recibieron la orden de reunir a Guénon. En las comunicaciones que siguieron, tanto en la calle Canette, como en la calle Saint-Louis-en-l'Ile, "la entidad" que se manifestaba instaba a los asistentes a fundar una "Orden del Temple" de la cual Guénon debía ser el jefe.

A propósito de esto veamos lo que nos dirá más tarde Guénon, sobre el valor de mensajes análogos:

"Una comunicación expresando hechos realmente desconocidos por todos los asistentes, puede sin embargo provenir del "subconsciente" de uno de ellos, pues a este respecto se está muy lejos por lo general de conocer todas las posibilidades del ser humano; cada uno de nosotros puede estar en conexión a través de esa parte oscura de sí mismo, con seres y cosas de las que nunca haya tenido conocimiento en el sentido corriente de esa expresión y se pueden establecer innombrables ramificaciones a las cuales es imposible asignar límites definidos[33].

La renovada Orden del Temple comprendía teóricamente 7 grados, que eran: Caballero del Templo, Príncipe de la Nueva Jerusalén, Rosa-Cruz Egipcio, Caballero de Guardia de la Torre Interior, Adepto Hermético, Kadosh Templario, Gran Comendador del Temple. Sin embargo los rituales de estos grados nunca fueron divulgados. Añadamos sin embargo que la "Orden del Temple", que no tuvo más que una existencia efímera, habría podido constituir un grupo de estudios, del género de los cuales, el autor de *Oriente y Occidente,* debía más tarde

---

[33] *L'Erreur Spirite* París, p. 105.

contemplar la posibilidad.

La fundación de la "Orden del Temple" fue el origen de las diferencias entre Guénon y sus amigos, por una parte y de Papus y Teder, por la otra[34]. Los primeros fueron excluidos de diversas organizaciones controladas por los segundos.

Después de su ruptura con las organizaciones ocultistas, Guénon fue admitido en la "Logia Thebah", dependiente de la Gran Logia de Francia, Rito Escocés Antiguo y Aceptado[35].

Debía permanecer en activo en esta disciplina hasta la guerra de 1914, que puso "en sueños" las logias. Después de la guerra, completamente absorto en su trabajo público, no volvió a emprender ninguna otra actividad, sin cesar por ello de interesarse en la Masonería y de tener relaciones con miembros de diferentes obediencias.

Sin embargo hizo sobre esta organización iniciática auténtica las siguientes salvedades: "La Masonería ha padecido una degeneración; el comienzo de esta degeneración es la transformación de la Masonería operativa en Masonería especulativa, pero no podemos hablar aquí de discontinuidad; aun habiendo habido "cisma", la filiación no fue interrumpida por eso y continúa a pesar de todo; la incomprensión de sus adheridos y hasta de sus dirigentes no altera en nada el valor de sus ritos y

---

[34] *Hiram*, febrero de 1909, p. 6.
[35] En enero de 1913, la revista *Le Symbolisme* publicó una conferencia de René Guénon, pronunciada en la Logia Thebah, bajo el título de L'*Enseignement Initiatique*.

ritos de los cuales ella continúa siendo depositaria"[36].

Pero volvamos al año 1909. René Guénon entra en la Iglesia Gnóstica y es consagrado Obispo por Synesius, bajo el nombre de "Palingenius". La primera parte de este nombre de raíz griega significa "que renace", el equivalente de su nombre René.[37]

---

[36] *Études Traditionnelles*, junio de 1937, p. 234.
[37] Se leerá con curiosidad *Les Souvenirs Occultistes* de J. Doinel publicado en *Le reveil gnostique*, marzo y abril de 1908, sobre la renovación de la Iglesia gnóstica.

CAPÍTULO III

"EX ORIENTE LUX"

Ya fuera en el seno de la Iglesia Gnóstica o en una u otra de las organizaciones dependientes del movimiento ocultista, Guénon encontró a dos hombres que debían tener un papel muy apreciable en su formación intelectual; uno era Léon Champrenaud y el otro Albert de Pouvourville. Dentro del movimiento gnóstico, el primero se llamaba Théophane y era Obispo de Versalles; el segundo se llamaba Simón, Obispo de Tiro y de Sidón.

Léon Champrenaud (1870-1925) estuvo mezclado de joven con el movimiento ocultista donde, casi desde los comienzos, había tomado una parte muy activa. Fue maestro de conferencias de la Escuela Hermética, en 1897, después redactor de *l'Initiation;* convertido en secretario adjunto de la Orden Martinista, entró en el Consejo Supremo de la Orden bajo el nombre de Noel Sisera y como tal asistió a la inauguración de la Logia Martinista Velleda en 1902.

Poco después se convirtió en redactor jefe de un órgano poco conocido; *l'Initiateur*, publicado por el Consejo Supremo y reservado a los delegados martinistas. De este boletín sólo aparecieron cuatro números, de enero 1904 a marzo de 1905. A partir del cuarto número, el nombre de

Sisera fue cambiado por el de Sedir, que entonces empezaba a darse a conocer.

Al mismo tiempo, Léon Champrenaud se estaba distanciando del ocultismo de Papus, que le parecía estaba en un callejón sin salida y se inclinaba hacia el estudio de las doctrinas orientales por las que se interesaba desde hacía ya algún tiempo.[38]

Más adelante entró en el Islam bajo el nombre de Abdul-Haqq, "el Servidor de la Verdad"[39].

Albert Puyou, Conde de Pouvourville (1862-1939) había desempeñado en Tonkin funciones militares y administrativas.

Tenia el porte de un noble oficial habituado a mandar y no admitía que lo contradijeran. Por el contrario, Léon Champrenaud era un hombre grandote de cara redonda y aspecto bonachón.

El encuentro con Tongsang Nguyen te Duc-Luat, "El Maestro de Sentencias", uno de los cinco Tiensi de la China Meridional, permitió al Conde de Pouvourville recibir la iniciación taoísta, con el nombre de Matgioi, que significa "ojo del día" o "sol chino".

Habiendo regresado a Francia sobre 1894, Matgioi entró en el movimiento ocultista y escribió en *l'Initiation,* bajo el nombre de Mogd, algunos artículos sobre la patogenía china, el taoismo y las Sociedades Secretas, embrión de sus

---

[38] *Le Voile d'Isis,* mayo de 1926.
[39] Ver *La métaphysique Islamique,* en *Le Voile d'Isis,* febrero de 1930.

futuras obras.

Pouvourville y Champrenaud fundaron en Abril de 1904, *"La Vía"*, revista mensual de elevada ciencia, que duraría hasta Marzo de 1907 y en la cual fueron publicadas por primera vez las obras capitales de Matgioi *"La Vía Metafísica"* y *"La Vía Racional"*, así como un trabajo en colaboración, *"Las Enseñanzas Secretas de la Gnosis"* bajo la firma gnóstica de Simon Théophane. Este volumen debía ser seguido de otros dos, que no fueron publicados.

Debemos añadir que bajo el nombre de Théophane, Léon Champrenaud publicó en 1910 un estudio sobre Matgioi y las Sociedades chinas, seguido de un resumen sobre la metafísica taoísta.

En noviembre de 1909, Guénon, bajo su nombre gnóstico de Palingenius y en colaboración de algunos de los que formaron parte de la "Orden del Temple", "Marnes" (Alexandre Thomas) y "Mercuranus" (P.O.) y como él entraron dentro de la Iglesia Gnóstica, fundó la revista *"La Gnose"*. Por esto esta revista apareció primero como "Órgano Oficial de la Iglesia Universal".

Guénon, mejor informado y habiéndose podido dar cuenta que la Iglesia Gnóstica era una construcción puramente individual, escribirá más tarde: "Los neognósticos no han recibido jamás nada por medio de una transmisión, sea cual fuera, no se trata más que de un ensayo de "reconstitución" según unos documentos por lo demás muy fragmentados y que están al alcance de todo el mundo; podéis creer el testimonio de alguien que ha tenido la ocasión de observar estas cosas muy de cerca como para saber realmente lo que son."[40]

Así, a partir del número 4 *La Gnose,* se convirtió en una "Revista consagrada al estudio de las Ciencias esotéricas" y en particular de las tradiciones orientales, gracias al apoyo que le trajeron Theophane y Matgioi[41], que fueron los primeros que se esforzaron en dar a conocer en Francia la verdadera metafísica de Oriente.

En los primeros números de esta revista apareció el primer texto[42] redactado o al menos publicado por Guénon; bajo el título "El Demiurgo" que demuestra de golpe toda su maestría en este saber.

Este artículo, y esto debe recordarse, demuestra un conocimiento muy seguro de la metafísica hindú en la que los temas esenciales son sacados a la luz, apoyados por los textos de Shankaracharya[43].

A partir de los artículos póstumos de J. Doinel y de los estudios de Synesius, Henry, Marnes, Mercurianus, Barlet y Rouxel, el principal redactor de "La Gnose" fue el mismo Guénon-Palingenius.

---

[40] *Aperçus sur l'ésotérisme Chrétien,* París 1954, p. 50, nota I.
[41] Sin embargo Champrenaud, personalmente, no publicó nada en esa revista y Matgioi, solamente publicó uno.
[42] *La Gnose* fue editada por la "Librairie du Merveilleux", que dirigían P. Dujols y A. Thomas. Esta librería estaba situada en el 76 de la calle de Rennes. Se accedía a ella a través de una verja de hierro forjado, que daba a un gran patio interior adoquinado que comunicaba con un edificio que contenía la librería, situada en el primer piso. Eran las dependencias del antiguo hotel de Chemilly.
[43] Este artículo ha sido reproducido en *Études Traditionnelles,* junio del 1951.

Publicó la primera redacción de una gran parte del *Simbolismo de la Cruz*. La parte esencial de *L'Homme et son Devenir selon la Vedanta* y numerosos artículos que revisados tuvieron su lugar en *Los Principios del Cálculo Infinitesimal*. Igualmente se encuentran una serie de artículos sobre "La Franc-Masonería".

En colaboración con Synesius, Guénon hizo además la primera traducción integral francesa del primer libro de los *Philosophumena*, atribuido a Orígenes que suplementó con útiles y cuantiosas notas.

Cuando en Febrero de 1912 la revista dejó de aparecer, un último número fue editado para terminar los estudios en curso, pero este último número no fue publicado jamás[44]. Fue en esta época con todos sus libros publicados desde 1912, cuando GuénonPalingenius, se confirmó como el gran metafísico que conocen sus lectores.

Es, pues, entre los 23 y 26 años cuando se debe situar la elaboración de varios de sus libros esenciales, como también el proyecto de escribir una obra sobre las "Condiciones de la Existencia Corporal."[45]

¿Qué es, pues, lo que sucedió?

A lo largo de los 20 años anteriores los Hindúes habían entrado en contacto en Francia al menos con dos occidentales de orientación más o menos tradicional.

Uno era Saint-Yves d'Alveydre (1842-1909), autor de

---

[44] A. Thomas (Marnés) pereció en la guerra de 1914-18.
[45] Aunque este trabajo esté inacabado, lo hemos publicado en los números de enero, febrero y marzo de 1952 de *Études Traditionnelles*.

las "Missions", pero parece que sus informadores hindúes (y no pensamos en el Afgano Hardjij Schapript) se descorazonaron por sus preocupaciones sociales y por su obstinación en considerar las enseñanzas que se le transmitían, no como enseñanzas tradicionales que se reciben y asimilan, sino como elementos destinados a integrarse en un sistema personal.

El Otro fue Ivon Le Loup, conocido en los ambientes ocultistas bajo el nombre de Sedir (1871-1926) quien, nos dirá Guénon, "se había interesado mucho, anteriormente, por las doctrinas de la India… pero había encontrado muy poco aliento en los escasos hindúes que había conocido y a quienes él se había mostrado como demasiado preocupado por la "fenomenología"[46]; pero ciertamente hubiera podido, si hubiera perseverado, deshacerse de esa tendencia demasiado occidental y adentrarse más en el conocimiento de las verdaderas doctrinas."[47]

Pero además, añade Guénon, "busca demasiado entre el Cristianismo y las tradiciones orientales, unas oposiciones que realmente no existen; vive una divergencia irreductible ahí donde nosotros sólo vemos por el contrario, una armonía profunda y una unidad real bajo sus diversas formas exteriores."[48]

Abordaremos ahora la parte más enigmática de la vida de René Guénon. Hemos visto que el primer artículo aparecido en *La Gnose* denotaba un conocimiento muy

---

[46] Ver en *Le Voile d'Isis*, abril y agosto de 1910, los dos artículos que Sédir ha consagrado al Hindú y al Chino que lo contactaron.
[47] Son testigo sus obras sobre *les Incantations* y *Le Fakirisme Hindou et ses Yogas*.
[48] *P. Sédir et les doctrines Hindoues* en *Le Voile d'Isis*, abril de 1926, p. 240.

seguro de la metafísica védica, esto era en noviembre de 1909. Este conocimiento se asevera con gran maestría en los artículos sobre "Le Symbolisme de la Croix" y "L'Homme et son évolution posthume selon le Vedanta", publicados en 1910 y 1911.

Es evidente que tales trabajos, cuales fueran la inteligencia y la facultad de asimilación de su autor, suponen un periodo bastante largo de estudio previo y de meditación.

Por otra parte, sabemos que Guénon no estudió las doctrinas y lenguas orientales de manera libresca.

Tenemos a este respecto su testimonio categórico. En 1934, un francés atraído por los escritos de René Guénon y en relación personal con él, el Señor André Préau, publicaba en el número de abril de la revista Jayakarnacataka, editada en la India, en Dawar, un artículo consagrado a Guénon titulado "Connaissance Orientale et recherche Occidentale". El Señor Préau escribía: "Este autor (Guénon) representa el caso infrecuente de escritor que se expresa en una lengua occidental y cuyo conocimiento de las ideas orientales ha sido directo; es decir esencialmente debido a maestros orientales; en efecto por la enseñanza oral de orientales, el Señor Guénon tuvo el conocimiento que posee de las doctrinas de la India, del esoterismo islámico y del Taoísmo, así como el de las lenguas sánscrita y árabe y este rasgo lo distingue suficientemente de los orientalistas europeos o americanos, que sin duda han trabajado a veces con asiáticos pero sin pedirles otra cosa que una ayuda destinada a facilitarles un trabajo que quedaba mayormente en la clasificación libresca y concebida según los métodos de erudición occidental."

Ahora bien, sabemos de forma cierta que el texto de este artículo fue comunicado a René Guénon, antes de su publicación. El Señor Preau había escrito en primer lugar y según informes anteriores, que era debido a la enseñanza oral de los orientales a lo que Guénon debía sus conocimientos de las doctrinas de la India y del esoterismo islámico.

Al texto que se le había comunicado, Guénon añadió de su puño y letra "...y del Taoísmo" completando y confirmando a la vez lo que el Señor Préau había escrito.

Guénon había tenido por lo tanto Maestro o Maestros Hindúes. Nos ha sido imposible obtener la menor precisión sobre la identidad de ese o esos personajes y todo lo que se puede decir con certeza; es que se trataba en todo caso de un o de unos representantes de la Escuela Vedanta Advaita, lo que no excluye que hubieran otras.

Lo que nos parece no menos cierto, es que por la razón arriba indicada, su contacto con René Guénon no pudo ser posterior a 1908 o a lo más tardar a principios de 1909.

Incontestablemente es ese contacto lo que determinó la vocación de René Guénon y es ese conocimiento recibido de fuente hindú lo que marcará más profundamente su obra, por determinante que fuera en otros aspectos, otro contacto en su vida individual. En lo que concierne al Taoísmo, está permitido formular otra conjetura. Parece ciertamente que un primer conocimiento de la metafísica extremo-oriental le llegó a Guénon por el canal de Matgioi y está permitido suponer que la enseñanza oral fue comunicada aquí, por el hijo menor del "Maestro de Sentencias", el *tong-sang Luat*, el cual vivió en Francia un cierto tiempo y contribuyó a la traducción de los textos chinos que figuran en *La Vía*

Racional y *La Vía Metafísica*.

También podemos decir y sin embargo sin poder precisar más, que Guénon, por el lado Taoísta, recibió "más" de lo que había recibido Albert de Pouvourville.

Por lo que se refiere al Sufismo, estamos un poco más informados en cuanto a las fuentes y los datos más importantes. No parece dudoso que el primer contacto de Guénon en ese dominio fue el encuentro con ese personaje que escribió en *La Gnose* bajo el nombre islámico de Abdul-Hadi, (el servidor del guía). Siendo el nombre de AbdulHadi uno de los 99 nombres atributivos de Allah.

El nombre profano de Abdul-Hadi era John Gustaf Agueli. Nació el 24 de mayo 1869, en Sala, pequeña ciudad sueca en la Vastamanland a 29 kms. de Estocolmo. Era hijo de un veterinario.[49]

Sus estudios escolares tuvieron lugar en varias ciudades de Suecia y terminaron el Estocolmo sin éxito.

Es en el curso de un viaje en 1889 y en la isla mayor de su país, Gotland, situada en el mar Báltico, donde se puso a dibujar y pintar tan bien, que sus esbozos fueron apreciados por dos grandes pintores suecos, Richard Berg y Karl Nordstrom. Llegado a París, entró a pintar en el taller de Emile Bernard por intercesión del famoso marchante de pintura el Padre Tanguy. Fue entonces cuando adoptó su nombre de artista Ivan Agueli.

---

[49] Los elementos de esta vida están extraídos del cuaderno de M. A. Westholm *Jean Agueli 18691917*. Göteborg 1957 y del libro de M. Axel Gauffin, *Ivan Agueli*, Stockholm 1940.

Atraído por el renombre de la Sociedad Teosófica que en Estocolmo tenía una rama, logró ser admitido debido al patrocinio del pintor Bernard, en la rama de París, "Le Lotus". En aquella época también frecuentaba los ambientes anarquistas.

Poco después regresa a Suecia frecuentando la escuela de la Sociedad de los Artistas de Estocolmo, después en Visby, en la isla de Gotland, pinta paisajes y una composición, "poemas en color", inspirada en la obra de Baudelaire. De vuelta a París a fines de 1892, donde vive de una pequeña pensión que le pasa su madre, se lía con una joven que tuvo su hora de gloria, la poetisa socialista y teósofa, Marie Huot. Arrestado por haber dado asilo a un anarquista buscado por la policía, lo encierran en la cárcel de Mazas durante varios meses. Aprovecha el tiempo de su encarcelamiento para estudiar el árabe, el hebreo y el malayo. "Tenía, escribirá uno de sus amigos, una facilidad increíble de asimilación para los idiomas, para penetrar y asimilar sus estructuras". Lee o proyecta leer, la Biblia en hebreo, a Fabre d'Olivet, el Evangelio de San Juan en árabe, Dionisio el Areopagita, Swedenborg que le influencia grandemente, Villiers de l'Isle-Adam, etc...

Cuando sale de prisión en septiembre de 1894, parte para Egipto y reside un tiempo en el Cairo. A principios de 1895, se dirige a Assiout[50] donde pinta algunos paisajes y toma croquis de cabezas de indígenas.

En el verano de 1895, regresa a París donde se consagra

---

[50] Assiout o Siaout está situada a 407 km. del Cairo, en la orilla izquierda del Nilo. Es la ciudad más grande del alto Egipto y era llamada por los griegos Lycopolis, "la Villa del Lobo", es también la ciudad natal de Plotino, autor de las *Eneadas*.

sobre todo a los estudios de lenguas y civilizaciones orientales. En la escuela de lenguas orientales, estudia el árabe clásico con Derenbourg, el árabe vulgar y el indostano; en la Escuela Práctica de Altos Estudios, estudia el sánscrito con Sylvain Levi. Parece ser que Derenbourg desempeñó un papel importante y seguramente involuntario, en la vida de Agueli, al facilitarle el conocimiento del Islam.

Durante el curso que desarrolla en Derenbourg comenta *La luz del Libro Revelado y los Secretos de la Exégesis* de Abdallah Ibn Omar. La estancia de Agueli en París fue interrumpida por un viaje a Suecia, con ocasión de la muerte de su padre, el 22 de diciembre de 1896. Vuelve a la capital francesa en julio de 1897. Es en esa época cuando Agueli se hace musulmán. Su biógrafo el Sr. Gauffin, escribe; "A pesar de todas mis investigaciones, no me ha sido posible determinar exactamente cuándo y en qué circunstancias esto tuvo lugar".

Sin embargo, estudió también el Budismo, lo que constituyó una preparación para el acontecimiento que esta vez debía interrumpir su estancia en París: el viaje a la India. Agueli contó a sus amigos que quería entrar en un convento budista y si fuera posible, llegar a entrar en Lhassa. Pero en realidad su viaje se acabaría en Ceylán, en Colombo, donde llegó a principios de 1899.

Su estancia en la India no duró, pues, más de los nueve meses. Marie Huot, celosa de la felicidad que su amigo había hallado en Oriente, dejó de enviarle su pensión y el artista se ve obligado a regresar a París en diciembre de 1899. En 1902 colabora en la *Revue Blanche* y publica en *L'Initiation* notas sobre el Islam que quedan inacabadas.

Fue en 1909 cuando Agueli hizo amistad con un joven médico italiano, Enrico Insabato, que estaba al igual que él atraído por el deseo de aproximar Oriente a Occidente. Los dos soñaban en una especie de alianza entre los pueblos musulmanes, japoneses, franceses e ingleses y en diciembre de 1902 se fueron a Egipto para trabajar juntos en la realización de estos proyectos. Publicaron dos periódicos arabe-italianos, *Il Comercio Italiano* y *Il Convito*. Fue sobre todo en este segundo donde Abdul-Hadi publicó numerosos artículos y traducciones, en italiano, sobre tratados de esoterismo islámico.

Y es que durante su estancia en Egipto, en una época que no podemos fijar con certeza, pero que es ciertamente anterior a 1907, Agueli volvió a encontrar al Sheik Abder Rahman (El Servidor de Dios grande), uno de los hombres más célebres del Islam, hijo del restaurador del rito Malekita y él mismo un sabio profundo, Sheik de una rama Shadhilita[51] y que al mismo tiempo en un orden exotérico, era el jefe del Mudhat Maliki[52], en el Azhar. Este le inició en el Tacawwuf y así Ivan Agueli se convirtió en AbdulHadi y "moqqadem", de su iniciador, es decir, su representante.

También estuvo en estrecha relación con otros dignatarios musulmanes. En sus cartas de 1909 y 1911, menciona al Sheik Senussi, de quien recibe en 1909, el consejo de interrumpir toda relación con los italianos. Más tarde, en 1916, hablará de su "venerado Sheik, Sidi Hosafi del Cairo, donde él tiene hechos algunos pequeños trabajos

---

[51] "Los términos rama Shadhilita" indican una rama de la organización iniciática *(Tariqah),* fundada en el siglo VII de la Egira por el Sheikh Abdul-Hasan ash Shâdili, una de las más grandes figuras espirituales del Islam" (M. Valsan, *l'Islam et la fonction de Réne Guénon,* en *Études Traditionnelles,* enero, febrero de 1953, p. 36).
[52] "El término *Mudhat Mâlaki* indica una de las cuatro escuelas jurídicas sobre las que se basa el orden exotérico del Islam" (M. Valsan, *idem).*

sobre el Islam exotérico y esotérico".

Vuelto a Francia a principios de 1909, se pelea violentamente con Marie Huot, que va a recibirlo al muelle de Marsella y se refugia en Ginebra, pero no por mucho tiempo, puesto que vuelve un mes después a París y se reconcilia con su amiga. Es por esta época cuando empieza a quejarse de sordera.

Llegamos ahora al final de 1910. Abdul-Hadi colaboró con la revista[53]. A principios de 1911, antes de su regreso a Suecia, Abdul-Hadi conoce a Guénon-Palingenius que está dirigiendo *La Gnose*. Los dos simpatizan inmediatamente y durante un año, de diciembre 1910 a enero 1912, Abdul-Hadi había entregado a Guénon-Palingenius todos los escritos que habían aparecido en *La Gnose,* siendo así que él no volvió a Francia hasta 1912.

Fue durante este período cuando se operó un cambio en la vida privada de Guénon. En las vacaciones de 1911, fue a Blois a ver a su madre y a su tía Mme. Duru, sus únicos parientes desde la muerte de su padre. Su tía, que era ahora institutriz libre en Montlivaut, no lejos de Blois, tenía por adjunta a una joven llena de cualidades, originaria de Chinon, se llamaba Bherta Loury.

Nació en 1883 en Bougueil y era la señorita Loury la

---

[53] Las traducciones de los tratados islámicos son: *Le Cadeau,* de Mohammed ibn Fazlalah el Hindi; *El Malâmatiyah,* de Seyid Abu Abdur Rahman (reimpreso en *Le Voile d'Isis,* octubre de 1933); *Traité de l'Unité,* de Mohyiddin ibn Arabi, reimpreso en *Le Voile d'Isis,* enero, febrero de 1933); *Les Categories de l'initiation,* del mismo autor (inacabado). En cuanto a los artículos citemos; *L'universalité en Islam; L'Islam et les religions anthropomorphiques; L'Identité Supreme dans l'ésotérisme Musulman. Les pages dediées au Soleil.*

cuarta de siete hijos. Su familia vivía en Tours y poseía una coqueta propiedad en Lémeré, no lejos de Chinon.

Muy alta, de agraciada figura, cultivada y música, la Señorita Loury supo gustar a René Guénon, tanto que al año siguiente, el 11 de julio de 1912, se casaron civilmente en el Ayuntamiento de Blois y una semana después con las amonestaciones publicadas por el Arzobispo de Tours y Obispo de Blois se unieron religiosamente en matrimonio en la pequeña iglesia de Saint-Hilaire, de Lémeré.[54]

Algunos meses después el matrimonio se vino a instalar a París, en un pequeño apartamento de la calle Saint-Louis-en-l'Ile. Vivieron allí en una armonía perfecta, absorbiéndoles a los dos la vida intelectual. Situamos también en 1912 la vuelta de Guénon a la tradición islámica. Él mismo es el que ha indicado la fecha de manera indirecta, en una dedicatoria de su libro *Le Symbolisme de la Croix* aparecido en 1931 y que en la primera página lleva escrito; "A la venerada memoria de Es-Sheik Abder Rahman Elish El-Kebir, a quien debo la primera idea de este libro. Mecr El Qahirah 1329-1349 H." La primera de estas fechas corresponde a nuestro año 1912 y Guénon en una carta debía precisar que esa fue la fecha de su entrada en el Islam.

Esto nos da lugar a pensar que René Guénon recibió poco después la "barakah" del Sheik Elish, por el intermedio de Abdul-Hadi. Nos hemos preguntado a menudo por qué René Guénon escogió el Islam por vía personal, cuando su obra hace más bien referencia a la Tradición Hindú. A decir verdad se trata aquí de una cuestión que realmente a nadie concierne y a la que nadie

---

[54] Extracto de registros de bodas, de Lémeré, según copia 14 noviembre 1933.

podría responder con certeza.

Sin embargo me es permitido mencionar a propósito de esto, consideraciones de orden totalmente general. Por de pronto las modalidades de iniciación hindú están ligadas a la institución de las castas; no se ve cómo un occidental, que por definición posee un sistema sin castas, podría acceder a esa forma de iniciación.[55]

Por otro lado el ritual hindú no se presta de ninguna manera, a la vida occidental, mientras que el ritual islámico, cualesquiera que sean las dificultades prácticas que presente, no es sin embargo incompatible con la vida del occidente moderno.

Para volver a Abdul-Hadi diremos que durante todo el año 1913, recorrió toda la región Turaní, pintando algunos paisajes de los bordes de la Loire y del Indre, así como otros de los bordes de la Sena y el Oise, para después reemprender, en diciembre de 1931, el camino de Egipto a fin de pintar intensamente paisajes y cabezas de nativos,

---

[55] Jean Herbert, a propósito de esto, escribe muy acertadamente... resaltamos para empezar que uno no se arriesga a "convertirse" (al hinduismo), como sería el caso, si uno se siente atraído vivamente por el Islam o el Budismo, por ejemplo. En efecto se puede nacer Hindú y se puede también perder esa calidad, pero no puede uno "volverse" Hindú ni siquiera, volver a ser, si se ha dejado de ser —al igual que uno no se puede convertir en negro.
Es cierto que desde hace unos años, ciertos monjes hindúes modernistas han querido copiar las prácticas de conversión cristianas y musulmanas e inventar una especie de bautismo que comprende, creo, un baño en el Ganges y la recitación de ciertas fórmulas sagradas. Pero esto es solamente para permitir a los ex-hindúes que vuelvan al regazo. Y nadie se engaña en comprender que este subterfugio es en sí mismo falaz. *Yogas, Christianisme et Civilisation,* Lyon, Derain, 1951, p. 20.

durante el año 1914.

Por oscuras razones, las autoridades francesas, lo expulsaron en 1915. Se fue entonces a España, a Barcelona, y allí animado siempre de un celo admirable por la pintura no cesa de ejercer su arte.

Desgraciadamente, al haberse vuelto completamente sordo, muere aplastado por una locomotora en los alrededores de Barcelona en 1917. Todos los cuadros que tenía fueron enviados a su madre, por intermedio del agregado consular sueco. Estos cuadros figuran actualmente, en gran parte, sea en el museo Nacional de Estocolmo, sea en el Museo de Gottenborg.

Abdul-Hadi, bajo el nombre sueco de Ivan Agueli, está en la hora actual considerado, en su patria, como uno de los iniciadores del arte moderno. Pero no es éste el aspecto que más nos interesa. La biografía de Agueli, por el Sr. Gauffin, está seguida de un apéndice del profesor H. S. Nyberg de quien vamos a retener algunas apreciaciones. Por de pronto sabemos por el examen de las cartas escritas en árabe por Agueli, que poseía un profundo conocimiento de esta lengua.

Seguidamente el profesor Nyberg reconoce que, a partir de 1907, aparece como un "experto en Ibn Arabi" y de un modo general en la literatura mística del Islam. Al final del análisis el profesor Upsal, plantea sin querer resolverla, la cuestión de si Agueli permaneció siempre en el Islam ortodoxo o si éste no fue para él más que un estadio pasajero. Y no cree imposible que finalmente se volviera behaista, aunque las razones que arguye son bien débiles y no pensamos que tengamos que detenernos en ello.

Seguramente la carrera de Abdul-Hadi, tal como la hemos trazado, deja una impresión cuando menos desconcertante, al menos para un hombre que en ciertos aspectos podemos calificar de espiritual. No debemos olvidar que un cierto conocimiento de orden esotérico no va acompañado necesariamente de apariencias de "santidad", ni siquiera simplemente, de una conducta ejemplar.

Y sobre todo no se debe olvidar la distinción sobre la que Guénon insistirá más tarde, entre la individualidad y la función, no implicando necesariamente ésta última, en nuestra época, el acceso a un estado espiritual efectivo.

Por otra parte, el mismo hecho de detentar una función en el orden esotérico no confiere autoridad en unos dominios que no están directamente ligados al ejercicio de esta función. Nos ha parecido que no estaba de más recordarlo aquí.

Vamos ahora a volver un poco hacia atrás para explicar ciertos hechos y gestos que conciernen a René Guénon.

CAPÍTULO IV

PRIMEROS COMBATES

En la época de sus disputas con las organizaciones ocultistas, es decir en 1909, Guénon estaba en relación con un articulista católico, A. Clarin de la Rive, que dirigía una revista anti-masónica que se denominó sucesivamente *La France Chrétienne* y después *La France Anti-Maçonnique*.

El Sr. de la Rive, por su misma actividad como publicista, estaba metido en todos los aspectos de las campañas antimasónicas. Había seguido las actividades de Leo Taxil, que fue considerado durante un tiempo como uno de los jefes del anti-masonismo.

No sería aquí cuestión de volver a contar la historia del "affaire Taxil" y sólo recordaremos que éste había logrado convencer a grandes sectores del público católico de la existencia, detrás de la masonería comúnmente conocida, de otra "alta masonería luciferina" a la cual se le atribuían múltiples crímenes y la costumbre de entregarse a evocaciones diabólicas.

Aun después del discurso de abril de 1897 en el que Taxil confesó haber fabricado el *palladisme,* muchos católicos seguían convencidos del carácter luciferino de la masonería. El Sr. de la Rive, más perspicaz que otros, acabó por detectar la superchería y desempeñó un papel importante en las circunstancias que obligaron a Leo Taxil a confesar sus mentiras, en 1897.

Por el Sr. de la Rive, Guénon fue puesto al corriente de los detalles de todo este asunto. Del examen de documentos (muchos de los cuales quedaron en sus manos), llegó a la convicción de que realmente existían grupos luciferinos y satanistas, pero que no era en la masonería —que él ya conocía bien—, donde había que buscarlos. Adquirió la certeza de que había por el mundo grupos que se esforzaban conscientemente en desacreditar todo lo que subsiste de las organizaciones tradicionales, sean de carácter religioso o de carácter iniciático; que esos grupos podían tener sin duda agentes tanto en la masonería como en cualquier otro ambiente, sin que por ello se pueda tachar la masonería de organización subversiva.

Guénon no cesó hasta la guerra de 1939 de denunciar en toda ocasión a las organizaciones derivadas de la antimasonería taxiliana. *(Revue Internationale des Sociétes Secrètes, L'Élue du Dragon.)*

Podríamos preguntarnos cómo en esas condiciones, pudo Guénon colaborar en una publicación antimasónica.

Y es que Guénon pudo darse cuenta directa y personalmente del verdadero carácter de la Masonería, que es la más importante supervivencia de las antiguas organizaciones iniciáticas del mundo occidental. Pudo darse cuenta gracias a sus contactos orientales de qué separaba a la masonería moderna de una organización iniciática completa, bajo el doble aspecto de la doctrina y del método; comprendió los grandes desastres ocasionados por las preocupaciones y actividades políticas de un gran número de masones, lo que explicaba y justificaba hasta cierto punto, pero sólo hasta cierto punto, la existencia de una anti-masonería.

A causa de su carácter iniciático, convenía devolver a la Masonería su verdadero rostro, desfigurado por la mistificación taxiliana. A causa de su política y de su modernismo, había que combatir a los masones contemporáneos, infieles a la vocación iniciática, para que la Masonería pudiera volver a ser efectivamente lo que virtualmente nunca ha dejado de ser.

Este es el trabajo que emprendió René Guénon en *La France Antimaçonnique* en el curso de los años 1913 y 1914 y que fue interrumpido por la primera guerra mundial. Anónimamente, después, bajo el pseudónimo de *Le Sphinx* publicó una serie de importantes artículos sobre el Régimen Escocés Rectificado, sobre el poder oculto, sobre la Estricta Observancia y los Superiores Desconocidos, sobre los Elegidos Coens, trabajos llenos de opiniones inesperadas y que revelaban un conocimiento profundo de la historia de la Orden Masónica.[56]

Durante su período de colaboración con la F.A.-M. y aun anteriormente, Guénon estuvo en relación con un personaje muy enigmático que, en la misma revista, publicaba una serie de artículos con juicios muy violentos sobre la Sociedad Teosófica, bajo la firma de Swami Narad Math, que era un pseudónimo, siendo su verdadero nombre

---

[56] Su colaboración duró del 31 de julio de 1913 hasta el final de julio de 1914. Se supone que el primer artículo que se le puede atribuir y que no esta firmado es el que trata de *La Iniciación Masónica de F. Bonaparte* (núm. 31 de julio de 1913). Algunos de estos artículos han sido reproducidos en *Études Traditionnelles* de 1952.

Hiram Singh. Este personaje, hindú o Sikh, parece haber estado muy informado de las actividades de diversas sociedades secretas tanto orientales como occidentales.

Tiempo después Guénon utilizó abundantemente para su trabajo sobre el Teosofismo, la documentación reunida por Hiram Singh.

Nos gustaría citar aquí, a propósito de dicho personaje, una anécdota que creemos poco conocida.

En uno de sus artículos el "Swami Narad Mani" hace alusión a una organización mongola que sirve de "tapadera" a un centro espiritual importante. Designa esta organización bajo el nombre de "Taychoux Maroux", cuya transcripción correcta es Teshu Maru.

Ahora bien, en Junio de 1913 o 1914 Hiram Singh lleva a casa de Guénon a un joven pintor alemán a quien presenta como el único miembro europeo del Teshu-Maru; que entonces no se llamaba más que Joseph Schneider y que debía conocer más tarde una cierta celebridad bajo el pseudónimo de Bo Yin Râ...

Bastantes años después, estando de visita en el este de Francia, en la casa del principal dignatario de una organización inspirada por Bo Yin Ra, este dignatario enseñó a Guénon el retrato de su "Maestro" en el cual Guénon reconoció a uno de los jefes del Teshu-Maru.

Lo dicho no tiene más importancia que la de hacer ver cuán extensas eran las informaciones de Guénon y también qué complejos son sin duda los orígenes de ciertas corrientes de pensamiento contemporáneas.

Si Guénon no ha variado en lo que concierne a la doctrina propiamente dicha, hay que anotar sin embargo un punto importante en lo concerniente al orden tradicional de la humanidad, una diferencia que es más que un matiz entre el Guénon-Palingenius de *La Gnose* y el Guénon de las épocas ulteriores. En un artículo cuyo título era "La Religión y las Religiones" Guénon Palingenius escribía:

"Si la Religión es necesariamente sólo una, como la Verdad, las religiones no pueden ser más que desviaciones de la Doctrina Primordial".

Y lo vemos desde, los años de *France Anti-Maçonnique,* adoptar una actitud de "defensor" de todas las religiones ortodoxas, consideradas como "adaptaciones" de la Tradición Primordial.

La actitud de Guénon-Palingenius se explica a la vez por una influencia de Matgioi —si bien incontestablemente pasajera— y por el hecho de que la enseñanza del o de los instructores védicos de Guénon no le aportaba nada que le permitiera rectificar este punto de vista que se puede calificar de demasiado teórico, puesto que no tiene en cuenta la imposibilidad para la mayoría de los hombres a acceder a la comprensión de la doctrina bajo el aspecto puramente metafísico.

En efecto, y Guénon debía insistir más tarde sobre ello, no existe en el mediano ni en el extremo Oriente el equivalente de lo que nosotros llamamos "religión" debido a la absorción total del elemento moral y del elemento ritual. Se puede pensar que es su conocimiento del Islam, que es una tradición de forma religiosa, lo que permitió a Guénon revisar ciertas posiciones cuyo origen debe buscarse evidentemente en Matgioi.

Y asistimos al hecho, paradójico sólo aparentemente, de un Guénon que se vuelve, con su colaboración en la F.A.-M., defensor del Catolicismo, poco después de reagregarse al Islam. Paradoja solamente aparente, puesto que el Catolicismo es la única forma ortodoxa de religión en la Europa Occidental y que *Le Sphinx* escribía para lectores de esa parte del mundo.

CAPÍTULO V

MEDITACIÓN SILENCIOSA

Al sobrevivir la guerra de 1914, René Guénon, que había sido dispensado del servicio militar por la revisión médica que pasó en 1906, a causa de su deficiente salud, continuó en la reserva.

Pequeño rentista que había visto fundirse sus ingresos, se vio obligado, para hacer frente a sus necesidades materiales, a emplearse en la enseñanza, con lo que fue profesor en algunos internados. Desde el año 1915 al 1916 ejerció como suplente en el Colegio de Saint-Germain-en-Laye, pero después del año escolar se fue con su mujer a Blois, pues su madre se hallaba muy enferma.

En efecto, después de una dolorosa enfermedad, la señora Guénon, murió el 8 de marzo de 1917 y fue enterrada en el panteón familiar, en el *faubourg* de Vienne.

Seis meses después, el 27 de septiembre de 1917, Guénon fue nombrado profesor de filosofía en Argelia, en Setif. Partió para allí a ocupar su puesto, con su mujer y su tía, la Sra. Duru, a quien había hecho venir a París. Llegaron el 20 de octubre después de un largo y fatigoso viaje y se instalaron cerca del colegio, en la calle Constantin. El clima era sano pero la temperatura muy fría.

Comentó a uno de sus amigos "trabajo más aquí que en Saint-Germain, el año pasado, pues hay escasez de profesores. Estoy obligado a dar además de mi clase de filosofía, el francés de primero y el latín de primero y de segundo".[57]

Creemos que durante su estancia en Setif debió perfeccionarse en lengua árabe, cuyos elementos le habían sido dados por su amigo Abdul-Hadi, de cuya muerte atroz se enteró en el mes de octubre, y debió de haber tenido contacto con ciertos jefes tradicionales.

Por una curiosa coincidencia uno de sus amigos de Blois, el Doctor Lesueur había sido nombrado Médico-Director del Hospital Civil de Hamman Rirha, a varios centenares de kilómetros al este de Setif.

El Doctor Lesueur se había casado con una alumna de Mme. Duru y había así conocido a la que se convirtió en Mme. Guénon, así se formaron estrechos lazos de amistad entre los dos matrimonios. Cuando el Dr. Lesueur se enteró de que sus amigos estaban en Setif, les invitó a ir a pasar una temporada de vacaciones, en 1918, en una villa alquilada con ese propósito.

Hamman Rirha es no solamente una estación termal de verano y de invierno, sino además un importante centro religioso a donde muchos miles de árabes van cada año en la misma época a hacer sus prácticas rituales. A causa de una leyenda se llama a esta estación termal "Los Baños de Salomón", pues el Rey Salomón había acampado en la montaña cercana con camellos cargados de carbón para

---

[57] Carta de R.G. a P.G.

alimentar los fuegos subterráneos que calentaban el agua.

Este fue su primer contacto prolongado con el Islam, después de su iniciación en París. En octubre de 1918 volvió a Francia y fue con su mujer y su tía a instalarse en Blois a la casa de la calle de Foix.

Algún tiempo después fue nombrado profesor de filosofía en el Colegio AugustinThierry de esa ciudad y como el Dr. Lesueur también había vuelto a Blois y acababa de ser nombrado conservador del castillo, los dos amigos volvieron a verse a menudo.

"El colegio era en aquella época un ambulatorio americano". Las clases estaban relegadas a locales inhabituales. El curso de filosofía se daba en el salón. Es allí donde, sentados en una mesa redonda, con cinco alumnos alrededor, Guénon pasó su segunda instancia en el colegio.

"Según el testimonio de uno de los cuatro supervivientes de esa clase singular, Guénon, que no era pedagogo, dictaba horas enteras, un curso que él mismo había escrito... Así cuando los alumnos estaban cansados de escribir, animaban a su maestro a disertar sobre sus manías (!) orientales. Esta astucia clásica da resultado la mayor parte de las veces."[58]

A principios del curso de 1919, Guénon dejó la enseñanza y volvió a París, para proseguir sus estudios particulares y consagrarse enteramente a la preparación de sus primeros libros.

---

[58] Jean Mornet, *René Guénon à Blois*, Art.cit., p.5.

Su mujer compartía con él sus trabajos, releyendo sus manuscritos. Como el matrimonio Guénon no tenía hijos, "acogieron en su casa a una sobrina de 4 años. Se ocuparon totalmente de su educación y de su instrucción, haciéndola cursar estudios clásicos. Su tío la quería como a una hija y la mimaba muchísimo".[59]

---

[59] *Journal de Mlle. B...*

CAPÍTULO VI

LAS LLAMADAS DE ORIENTE

En 1921 aparece el primer libro de Guénon: *Introducción General al Estudio de las Doctrinas Hindúes*.

Se puede decir, en cierto modo, que el título de esta obra no fue quizás muy afortunado pues la primera mitad —las ciento cincuenta primeras páginas— constituían en realidad una introducción al estudio de la Tradición en General o, si se prefiere, de no importa qué forma de tradición.

Los primeros capítulos: *Oriente y Occidente, La Divergencia, El Prejuicio Clásico* tienen por objeto el hacer comprender por el contraste entre la mentalidad oriental y la mentalidad occidental moderna lo que separa el mundo moderno de un mundo "normal", es decir tradicional.

Más adelante nos encontramos con los capítulos principales donde se han precisado los principios y estructuras de toda tradición auténtica: *"¿Qué debe entenderse por tradición?, Tradición y Religión, Caracteres esenciales de la metafísica, Relación entre la metafísica y la teología, Esoterismo y exoterismo, La realización metafísica"*.

Ahí se trata de nociones que antes de Guénon no habían

sido jamás explicadas públicamente y de que el solo enunciado bastaría para distinguir la obra guenoniana de cualquier obra, que en cambio, en otros aspectos podría habérsele comparado en el pasado.

Sin duda esta primera parte era la introducción necesaria para una exposición de doctrinas hindúes, pero al mismo tiempo, el título de la obra limitaba su audiencia a la fracción de público que, seriamente o por esnobismo, se interesaba en el Oriente hindú. Y no hay que buscar en otra parte el poco interés que despertó al principio entre los occidentales en los cuales sobrevivía algo de espíritu tradicional.

Habrá que esperar tres años y un cuarto libro, para que los lectores cristianos sientan que les atañe el trabajo de René Guénon.

La segunda parte del libro, que es a la que realmente se refiere el título, comporta dos divisiones; una exposición de una claridad extraordinaria, a pesar de su concisión, sobre los principios de la tradición hindú, da las bases de la civilización que ha engendrado y de los diferentes puntos de vista *(darshanas)* bajo las cuales su doctrina puede ser estudiada.

La obra acaba con varias interpretaciones occidentales del Hinduismo. Y a partir de este momento se manifiesta la preocupación que Guénon conservará durante toda su vida de diferenciarse de todos los historiadores de religiones y de los neo-espiritualistas, que pretendieron erigirse en intérpretes de las doctrinas hindúes. Volverá sobre este tema lo suficiente como para consagrar un libro entero a una de estas interpretaciones.

Quiere dar a entender con fuerza la singularidad de su caso —y esto se le reprochó mucho[60]— él no fue un erudito, ni un historiador, ni un filósofo, ni un ocultista. ¿Qué fue pues? Esto se iría aclarando a medida que su obra se iba desenvolviendo.

Desde el comienzo de ese mismo año 1921 (época en que fue publicada la *Introducción a las Doctrinas Hindúes*) René Guénon emprendió en la *Revue de Philosophie*, una serie de artículos sobre la historia y las doctrinas de la Sociedad Teosófica que con un desarrollo suplementario, dio lugar a un voluminoso tomo que tuvo por título *El Teosofismo, historia de una pseudo-religión*. Guénon complementaba así un punto particularmente importante de la última parte de la *Introducción a las Doctrinas Hindúes*, relativa a las interpretaciones occidentales de las tradiciones de la India.

Este trabajo atiborrado de referencias propias, era como para satisfacer a los más exigentes partidarios del "método histórico", se propone demostrar en efecto que las doctrinas propagadas por la Sociedad Teosófica reflejan conceptos puramente occidentales —muy a menudo modernos, como la idea de la evolución, que ocupa tanto lugar— y no tienen en común con las auténticas doctrinas hindúes, más que una terminología aplicada de manera más o menos correcta.

En un apéndice de una segunda edición, el autor precisa así la intención que había presidido la elaboración de ese volumen; "...viendo en el Teosofismo un error de lo más peligroso para la mentalidad contemporánea, hemos

---

[60] Uno de los redactores de *Notre Temps*, M.A. Monod-Hersen le reprochó haber sido encargado por Roma para presentar las doctrinas hindúes bajo cierto aspecto.

estimado que convenía denunciar este error en el mismo momento en el que, por resultado del desequilibrio causado por la guerra, alcanzaba una expansión que no había tenido jamás hasta entonces... Sin embargo había para nosotros una segunda razón, de particular importancia que daba a este trabajo más urgencia todavía, y es que proponiéndonos dar en otras obras una exposición de doctrinas hindúes auténticas, juzgábamos necesario demostrar primero que estas doctrinas no tienen nada en común con el Teosofismo, cuyas pretensiones a este respecto son, como ya hemos dicho demasiado a menudo admitidas por sus propios adversarios... Hasta añadiremos que la idea de este libro nos había sido sugerida hacía tiempo por Hindúes, que nos han proporcionado además parte de nuestra documentación".[61]

Identificamos anteriormente a uno de los hindúes a que Guénon hace referencia cuando hablamos del "Swami Narad Mani" y de su colaboración en *La France Anti-Maçonnique*.

Con ocasión del teosofismo, el autor da numerosos datos sobre diversas organizaciones occidentales con pretensiones iniciáticas, tales como el H.B. de L. *(Hermetic Brotherhood of Luxor)*, la *Societas Rosacruciana in Anglia*, la *Golden Dawn*, etc.... Sobre la Antroposofía de Rudolf Steiner, la *Église Vieille-Catholique* y la Masonería del *Derecho Humano*.

La obra acaba con un importante capítulo relativo al rol político de la Sociedad Teosófica en la India que hoy día no tiene ningún interés retrospectivo, pero al cual deberá el historiador dirigirse para comprender ciertos aspectos de la

---

[61] 2ª edición, p. 374.

dominación inglesa en ese país durante el último cuarto del siglo XIX y en la primera mitad del siglo XX.

En el último capítulo consagrado a *La cuestión de los Mahatmas,* es decir los "Maestros" de quienes la Sociedad Teosófica reivindica el patronato, Guénon cuenta, a propósito de uno de ellos, una curiosa historia. Se trata del "Maestro R." es decir del Conde Rackoczi, que los teósofos identificaban al Conde de St-Germain y que suponían habitaba normalmente en los Balkanes; "...en 1913, si no nos equivocamos, escribe Guénon, se nos propuso ponernos en contacto con él (se trataba de un asunto con el que el Teosofismo no tenía nada que ver); como esto no nos comprometía a nada, aceptamos gustosamente, aunque no nos hacíamos demasiadas ilusiones sobre lo que saldría de ello. El día que había sido fijado para el encuentro, (el cual no era un encuentro "en el astral") sólo acudió un miembro influyente de la Sociedad Teosófica, que llegando de Londres donde debía hallarse entonces el "Maestro", pretendía que éste no había podido acompañarlo en su viaje y dio una excusa cualquiera para disculparlo. Desde entonces ya no volvió a pasar nada y nos enteramos solamente de que la correspondencia dirigida al "Maestro" estaba interceptada por la Señora Besant. Sin duda esto no prueba la existencia del "Maestro" del que hablamos, así es que nos guardaremos bien de sacar la menor conclusión sobre este incidente...".

Los diversos protagonistas de esta historia han desaparecido y no existe, pues, ningún inconveniente en revelar que el asunto en cuestión estaba conectado con la constitución de Albania como Estado independiente y la candidatura del Príncipe de Wied al trono del nuevo Estado, candidatura a la que se trataba de volver favorables a las organizaciones sufíes entonces muy poderosas en el país.

No habríamos mencionado esta anécdota, de interés también muy retrospectivo, si no demostrara ya en esa época que ciertas personas consideraban que Guénon tenía posibilidades de contacto con ambientes generalmente cerrados a los occidentales y quizás suficiente autoridad para que una opinión que viniese de él tuviera oportunidades de ser tomada en consideración.[62]

Fue en el año que siguió a la aparición del *Theosophisme* cuando renovamos nuestra amistad con él.

Una mañana del 10 de enero de 1922, vimos entrar en nuestra tienda del Quai St. Michel a un hombre muy delgado y moreno que acusaba ya la treintena, vestido de negro, con el clásico aspecto del universitario francés. Su cara alargada que acortaba un fino bigote, estaba iluminada por unos ojos extrañamente claros y penetrantes que

---

[62] Por la misma época que se sitúa el *affaire* aquí citado, un texto de Guénon permite entrever cuán extendida estaba su información sobre las cosas de Oriente;
"...en el mundo musulmán la secta de los *Senoussis,* actualmente por lo menos, no persigue más que un objetivo exclusivamente político; es, en razón de esto mismo, generalmente mal entendida por las otras organizaciones secretas, para las cuales el *panislamismo* no sería más que una afirmación puramente doctrinal y que no permite que se acomode el "Djefr" a las miras ambiciosas de Alemania o de cualquier otra potencia Europea. Si se quiere otro ejemplo en China, es bien evidente que las asociaciones revolucionarias que sostuvieron al H☐ Sun Yat Sen, de concierto con la Masonería y el Protestantismo AngloSajón, no podían tener relaciones de ninguna clase con las verdaderas sociedades iniciáticas, cuyo carácter en todo Oriente es esencialmente tradicionalista, cosa rara tanto más cuanto está exento de todo ritualismo exterior (Reflexiones a propósito del Poder Oculto, número del 11 de junio de 1914 de la F.A.M.) Precisemos que el *Djefr* (o *jafr*) es una aplicación de la ciencia de las letras y de los números para la previsión de acontecimientos futuros. El origen es tradicionalmente referido a Alí, el yerno del Profeta.

causaban la impresión de ver mas allá de la simple apariencia.

Con una afabilidad perfecta, nos pidió que fuéramos a su casa a buscar libros y cuadernos neo-espiritualistas de los que deseaba deshacerse. Al aceptarle nosotros su proposición nos dio su nombre y dirección: René Guénon, rue Saint-Louis-en-l'Ile.

Como hemos mencionado antes, este era el lugar que habitaba. El interior de su alojamiento era de una sencillez extrema y estaba de acuerdo con la sencillez misma del personaje. En el salón donde nos recibió, un cuadro atraía las miradas; era el retrato a tamaño natural de una mujer hindú, morena con la cabeza descubierta, vestida con un traje de terciopelo rojo, que llevaba aros pendientes de las orejas y cuya cara destacaba de forma luminosa.[63]

Sobre la chimenea tronaba un curioso reloj masónico, de un estilo de finales del siglo XVIII; un plano y una gran biblioteca rebosante de libros completaban la decoración.

De ese momento datan nuestras relaciones que se convirtieron en muy seguidas a partir de 1929, como más adelante veremos.

René Guénon, que hasta entonces se había confinado en su trabajo, salió algunas noches para ir o bien a casa de algunos íntimos o a conciertos, siempre acompañado de su mujer, que era muy buena música. Prefería sin embargo las veladas en familia y mientras su mujer tocaba el piano en sordina, él leía[64]. Añadamos que siempre estaba de un

---

[63] Es, se dice, la mujer de un brahmán quien instruyó a René Guénon.
[64] *Journal de Mlle. B...*

humor igual y benévolo. "El lugar del apartamento donde más estaba era su habitación, donde había una mesa de trabajo (objeto sagrado que estaba prohibido tocar). Todo estaba meticulosamente arreglado y allí no se le podía ir a importunar".[65]

Entre los íntimos que a Guénon le gustaba frecuentar estaba el Doctor Grangier, su médico habitual, que vivía en el Boulevard de Courcelles y el señor Vreede, que vivía en la rue Servandoni y al que veía casi a diario. Guénon era entonces bibliotecario del Centro de Estudios Neerlandeses de la Universidad de París.

El señor Vreede también iba a la calle Saint-Louis en l'Ile. Allí nos dijo: "He asistido muchas veces a reuniones que se prolongaban hasta muy avanzada la noche, durante las cuales a pesar de la fatiga, Guénon respondía con una paciencia incansable y lúcida a todas las preguntas ininteligentes o absurdas que le planteaban visitantes de paso: Hindúes, Musulmanes y Cristianos".[66]

Algunas veces por la tarde iba a visitar a otro amigo suyo, el señor Gonzague Truc, que vivía en la calle Guy-de-la-Brosse, próxima al Jardín de las Plantas. Este último nos ha dejado una descripción de la actitud de Guénon durante su charla: "...sentado en un puf delante de la chimenea, lo cual junto a su alta estatura y su alargado rostro, le daban un aire oriental perfectamente apropiado a su filosofía, pero extraño en un turangino" y añadía "...su charla se mantenía seria, sin ser jamás monótona, apasionante por el contrario, en tanto que nutriente en su lucidez, descartando sin esfuerzo alguno, toda futileza y a veces marcando el matiz

---

[65] Idem.
[66] *In Memorian René Guénon*, E.T., n° especial de 1951, p. 342.

de una ironía grave o de un entusiasmo contenido. Insensiblemente con él se iba abandonando la tierra para entrar en el verdadero mundo y pasar de la "representación", al principio... Su discurso en fin, absolutamente ameno y siempre familiar a pesar de su densidad, no era más que su obra hablada".[67]

Otro de sus amigos, el Doctor Probst-Biraben, que a menudo pasaba por París, nos dirá: "...si hacía buen tiempo, nos paseábamos, siempre hablando de esoterismo o de cosas orientales, bien al borde de los Quais (de l'Ile Saint-Louis) o bien cuando tenía tiempo acompañándome hasta el extremo oeste de la Cité y a veces hasta un poco más lejos".[68]

"En Pascua y en las vacaciones de verano, Guénon iba a Blois con su mujer, su tía y su sobrina. Allí también trabajaba en su habitación. Iba a menudo a Lémeré, a la casa solariega de su mujer "Le Portail" y allí se olvidaba por un tiempo de toda actividad intelectual y filosófica".[69]

Ahora estamos ya en 1923, va a aparecer su tercer libro. En un sentido, la publicación de *L'Erreur Spirite* responde a la misma preocupación que el *Theosophisme,* teniendo los espiritistas la costumbre de atribuir a las tradiciones de Oriente y particularmente al hinduismo, su doctrina de la reencarnación y su práctica de evocación de los muertos.

Pero este libro era particularmente oportuno desde el punto de vista que llamaremos de "salubridad pública".

---

[67] *Souvenirs et perspectives de René Guénon,* E.T. n° especial, 1951, p. 334-336.
[68] Cf. *Ce que j'ai connu de R. Guénon,* en *France-Asie,* enero 1953.
[69] *Journal de Mlle. B...*

Pues, en efecto, el espiritismo, nacido en América e importado a Europa desde los primeros años de la segunda mitad del siglo XIX, había adquirido de resultas de la primera guerra mundial, un desarrollo considerable.

Muchos occidentales, heridos en sus afectos y despegados de su tradición o no teniendo de ésta más que un conocimiento insuficiente, se habían puesto a buscar en las prácticas espiritistas los consuelos que ya no sabían encontrar en su religión.

Muy bien informado de los peligros físicos y psíquicos que corren las personas que se entregan a las prácticas espiritistas, Guénon creyó su deber tratar con detalle esta cuestión, que se revelaba importante bajo dos puntos de visita.

El *Erreur Spirite* es una obra copiosa muy sólidamente documentada, como la precedente; pero así como *Le Theosophisme* es casi únicamente un trabajo histórico y crítico, el primero en cambio, contiene exposiciones doctrinales sobre cuestiones tanto metafísicas como cosmológicas y también puntos de vista sobre el mundo sutil que no habían sido nunca objeto de una exposición pública en la lengua occidental.

Los capítulos sobre *La Explicación de los Fenómenos, Inmortalidad y Sobrevivencia, La Comunicación con los Muertos, La Reencarnación, La Cuestión del Satanismo* se pueden catalogar entre las piezas maestras de la obra de Guénon.

Como era de esperar, la publicación de esta obra solivianto las iras no solamente en los ambientes espiritistas, sino también en los ambientes ocultistas y teosóficos, porque sean cuales sean desde otros puntos de vista las divergencias entre espiritistas, ocultistas y teósofos, la mayoría de estos últimos comparten con los espiritistas "la fe" en la reencarnación, de cuya existencia Guénon demuestra la imposibilidad metafísica, así como demuestra también la vanidad de la creencia en la eficacia de las prácticas espiritistas, cuyos peligros denunciaba Guénon."[70]

Pero por lo menos lo que se había ganado era que ya no era posible, por lo menos obrando de buena fe, catalogar las obras de Guénon entre la literatura neo-espiritualista. Hemos dicho ya que Guénon no poseía fortuna personal y por supuesto no eran los derechos de autor de sus primeras obras los que le iban a proporcionar suficientes recursos para vivir.

Por ello, a partir de 1924 se vio obligado a dar clases particulares en los Cursos Saint-Louis, donde por cierto cursaba sus estudios su sobrina, para poder subsistir.

"Los Cursos Saint-Louis estaban situados en el primer piso de una casa de la calle Bretonvilliers. Se entraba por un gran portal, se pasaba luego a un patio interior y se llegaba a una escalera que se encontraba a la izquierda. Todas las clases estaban situadas en fila, dando a la fachada central y también había clases a los lados".

"Esta institución dirigida por Señoras, (la directora de

---

[70] Charles Nicoulaud, director de la revista *Revue Internationale des Sociétés Secrètes*, aunque adversario de Guénon, no dirá menos a propósito de *L'Erreur Spirite,* que es "una poderosa demostración del absurdo de las pretensiones insostenibles emitidas por los propagadores del "espiritismo", n° 10 junio de 1923, p. 312.

aquella época se llamaba Mlle. Faux), estaba sobre todo frecuentada por niños de familias acomodadas, que estudiaban como diletantes más que con vistas a examinarse. Allí reinaba cierto protocolo".[71]

Guénon departió allí clases de filosofía desde 1924 hasta 1929, es decir hasta que su sobrina dejó ese Centro, debido a un incidente que relataremos más adelante.

Es en esa época, 1924, en que Frédéric Lefèvre, redactor jefe de las "Nouvelles Litteraires", tuvo la idea de reunir en conferencia de prensa, al autor de *Bestias, Hombres y Dioses,* el viajero polaco Ferdinand Ossendowski, entonces de paso por París, de vuelta de Mongolia, con el orientalista René Grousset, el escritor católico Jacques Maritain y a René Guénon.

Después que Frédéric Lefèvre hubo hecho algunas preguntas al escritor polaco sobre lo que sabía del Bog-do-Kahn y del "Rey del Mundo", personajes a los que hace referencia en su relato, la entrevista se centró en una opinión emitida por René Guénon, sobre lo que sus interlocutores pensaban de "una alianza o entendimiento posible entre Oriente y Occidente".

Si René Grousset objetó que "los anglosajones habían comprendido hacía tiempo que esta compenetración era ineludible y que era vano el oponerse", Jacques Maritain, por el contrario contestó que "si se tenía que estudiar el Oriente con atención y simpatía, se debía mantener sin doblegarse el depósito helenista y católico". A lo cual René Guénon replicó diciendo; "que en Oriente hay una sabiduría profunda, de la que el Occidente no sabe apercibirse" y que

---

[71] *Journal de Mlle. B...*

"Oriente posee una verdad que puede concordarse con la Verdad de las más altas tradiciones occidentales, la tradición aristotélica y la tradición católica". Esta respuesta no tuvo replica y así acabó la conferencia.[72]

En resumen, nada fue dicho que no fuera el reflejo de las ideas divergentes de cada uno de los interlocutores, los cuales se mantuvieron cada uno de ellos en sus propias posiciones. Fue, por lo tanto, una reunión bastante inútil.

Como cada año durante las vacaciones escolares, Guénon se alegraba de dejar París y su pequeño apartamento para irse a casa de sus padres en la rue de Foix, en Blois.

Ese año, 1924, hizo trasladar al salón de esa casa, un gran cuadro que le había dejado hacia 1908, cuando se fue de América, un amigo hindú, Sasi Kumar Hesh, que también era amigo de Shri Aurobindo y del que nunca más volvió a tener noticias. Este cuadro (1m. 88 cm. x 2 m. 90 cm.) fuerte en colorido, representaba los funerales de un brahmán: "A la izquierda, de pie, el gurú vestido de blanco y rojo, inmóvil, contempla cómo pasa a lo lejos el cortejo fúnebre de su discípulo. El cuerpo del difunto es llevado sobre una parihuela, por cuatro hindúes, seguidos de la viuda que está llorando y de varias mujeres, vestidas de blanco.

El cortejo sigue el sendero que contorna una laguna o el recodo de un riachuelo y desemboca en un templo hindú, al pie del cual una pira dispuesta para recibir el cuerpo ya está ardiendo.

---

[72] *Les Nouvelles Littéraires*, 25 de mayo 1924.

A la derecha por encima del cortejo fúnebre, se ve un bosquecillo de palmeras que se destaca del cielo llameante de una puesta de sol".[73]

Durante su estancia en Blois, Guénon salía poco de casa, salvo para ir a casa de la familia de su mujer, en Turena e iba a pasar el día entero en Montlivaut, a casa del cura del pueblo, el Abbé F. Gombault, hombre muy instruido[74] doctor en filosofía. Este sacerdote tuvo hacia el año 1897 una polémica con Gaston Méry, el director de la Revista *l'Echo du Merveilleux* a propósito de las apariciones de Tilly-sur-Seules. Las únicas personas que recibía en su casa eran a las de la familia del Doctor Lesueur, dada la amistad que unía a sus esposas.

La guerra de 1914-1918 había llevado a ciertos espíritus más clarividentes que otros a interrogarse sobre el valor de la civilización occidental y sobre su porvenir, así como sobre el valor de la ciencia y la filosofía modernas. Entre los testimonios más característicos de Francia, con respecto a esta inquietud, citamos a *Le Stupide XIX Siecle* de León Daudet y *Notre Temps* de Gonzague Truc.

Mientras unos no veían —en el orden intelectual—, más salvación para occidente que un retorno al Catolicismo y especialmente a la teología tomista, otros preconizaban una llamada a las doctrinas filosóficas de Oriente, de las que se hacían una idea más o menos exacta.

---

[73] "nota" de M.L.C., d'Amiens.
[74] L'Abbé Gombault, miembro de la comisión de organizadores diocesanos de Blois, era también laureado del Instituto Católico. Es el autor de algunas obras como *Accord de la Bible et de la science dans les données fournies par la cosmographie et la physique du globe*, París 1894. *L'Avenir et l'Hypnose*, Paris 1984.

De todo ello resultaron polémicas sobre la cuestión de saber si Oriente bajo sus aspectos religiosos, filosóficos y estéticos, podía ejercer una influencia apreciable sobre Occidente y si esta influencia eventual debía ser tenida por benéfica o maléfica para Occidente.

Fueron hechas varias encuestas por algunas revistas, principalmente por *Les Cahiers du Mois,* que consagraron un gran volumen "Las llamadas de Oriente". Fue en esta atmósfera de intelectualidad donde René Guénon publicó *Oriente y Occidente.*

Aunque declarándose más consciente que nadie de toda la diferencia que separa Oriente del Occidente moderno, el autor se afirma en un principio convencido de que un acercamiento es a la vez posible y deseable.

Para él la condición necesaria y suficiente de este acercamiento residía en el abandono por parte de Occidente de ideologías de diversos órdenes que desde el siglo XVI han contribuido a la formación de la mentalidad moderna y han arruinado las bases tradicionales sobre las que reposaba la Cristiandad Medieval. La primera parte de la obra está consagrada a descubrir las "ilusiones occidentales" y a la crítica de esos ídolos que tiene los occidentales modernos: el progreso, la ciencia y la vida.

En la segunda parte se enfocan las "posibilidades de acercamiento". Estas consisten en un acuerdo sobre los principios de una metafísica auténtica que aún se conserva en Oriente y en la reconstitución de una elite intelectual occidental, que volvería a tomar consciencia del valor del sentido profundo de su tradición —el Cristianismo— por un estudio de doctrinas orientales extraídas de las fuentes mismas y no de los trabajos de los orientalistas.

Estaba precisado que no se trataba en ningún modo de una "fusión" entre tradiciones y civilizaciones diferentes, sino de un "entendimiento" que daría por resultado hacer desaparecer los principales peligros que amenazan a la humanidad contemporánea.

La acogida que tuvo esta tesis inesperada fue muy diversa y a pesar de las precauciones tomadas por el autor, algunos no dejaron de acusarle de ser el agente de grupos orientales deseosos de pervertir la mentalidad cristiana.

Sin embargo, en los propios ambientes católicos, Léon Daudet, aportó el homenaje de su adhesión, en términos enérgicos:

"No esperéis de mí un análisis crítico de *Oriente y Occidente,* que es en sí misma una obra crítica, lo repito, de una excepcional penetración y donde abundan los nuevos horizontes. La doble constatación que hace el Sr. Guénon y que todo hombre atento y cultivado puede hacer con él, debe ser resumida así:

1° El Occidente está colocado desde los Enciclopedistas y más allá, desde la Reforma, en un estado de anarquía intelectual que es de una verdadera barbarie.

2° Su civilización, de la que está tan orgulloso, reposa sobre un conjunto de perfeccionamientos materiales e industriales que multiplican las probabilidades de guerra y de invasión sobre un subsuelo moral e intelectual muy débil, sobre un subsuelo metafísico nulo.

Por una vía diferente yo había llegado a una conclusión análoga en el examen del *Estúpido siglo XIX;* pero mi ignorancia de la filosofía oriental —cuyo conocimiento tan a fondo posee el Sr. Guénon—, no me había permitido levantar el terrible paralelismo que él nos expone. De ahí resalta, sin que él lo exprese de un modo categórico, que Occidente está amenazado más desde su interior, quiero decir por su propia debilidad mental, que desde afuera, donde sin embargo su situación no es nada segura".[75]

Más tarde, después de la publicación de *Autoridad Espiritual y Poder Temporal,* Léon Daudet, por motivos fáciles de comprender dejará de hablar de la obra de Guénon, pero a diferencia de otros, nunca tomó una actitud hostil respecto al hombre y a la obra.

No sabemos en qué fecha, Guénon conoció a Louis Charbonneau-Lassay arqueólogo y simbolista cristiano que realizaba desde su casa familiar de Loudun un verdadero trabajo de benedictino que ha dado lugar al *Bestiaire du Christ,* cuya mayor parte de capítulos aparecieron en la revista *Regnabit,* dirigida por el R. P. Anizan. CharbonneauLassay introdujo a Guénon en ese ambiente y durante los años 1925 a 1927 publicó en esta revista numerosos artículos sobre el simbolismo cristiano, que por su espíritu debía ayudar a los Católicos a una toma de consciencia del profundo sentido de su tradición. Sin embargo, el último artículo de esta serie no apareció en *Regnabit* sino en *Les Études Traditionnelles* de enero-febrero de 1949.

En la nota al principio de este artículo, Guénon escribía: "Este artículo que fue escrito en otro tiempo para la Revista *Regnabit,* donde no pudo aparecer debido a la hostilidad de ciertos medios neo-escolásticos que nos ha obligado a cesar nuestra colaboración, y se sitúa más especialmente en la

---

[75] *Action francaise,* del 15 de julio 1924.

perspectiva de la tradición cristiana, con la intención de demostrar el perfecto acuerdo con otras formas de tradición universal".

Pero no nos anticipemos. Fue en 1925 cuando Guénon publicó su obra capital en el orden doctrinal: *L'Homme et son devenir selon le Vedanta* cuyo embrión había aparecido en *La Gnose* en 1911. Conviene subrayarlo porque este hecho demuestra que estaba desde esa época en posesión de los elementos esenciales de la doctrina, de la cual se hizo intérprete. Después de haber afirmado que el *Vedanta* es la rama más puramente metafísica de la doctrina hindú, el autor reconoce la imposibilidad de presentar una exposición de conjunto y declaraba tomar como objeto propio de su estudio la naturaleza y la constitución del ser humano.

Pero tomando como punto de partida el caso del hombre, el autor expone los puntos esenciales de toda la metafísica tradicional.

Por primera vez en Occidente y después del siglo XIV, quedaba expuesta en lenguaje claro y despejado de todo simbolismo, la doctrina de la Identidad Suprema y su lógico corolario: la posibilidad para el ser, que está actualmente en estado humano, de llegar en esta vida a la liberación, el estado incondicional donde cesa toda separatividad y todo riesgo de volver a retornar a la existencia manifestada.

No nos es posible extendernos, en este trabajo de orden histórico, sobre el contenido de esta obra fundamental, cuyo valor es realmente intemporal, como hemos hecho con libros que tratan de cuestiones más contingentes y que así dependen más de la perspectiva histórica. Debemos, sin embargo, precisar dos puntos cuya clarificación es capaz de evitar malentendidos.

Ante todo y aunque Guénon haya tomado como base de su trabajo la doctrina de la escuela "advaita" y especialmente a Shankaracharya, *El hombre y su Devenir* no debe ser considerado como la exposición exclusiva de esta escuela y este maestro.

Se trata de una exposición sintética que no solamente quiere invitar a unírsele a otras ramas ortodoxas del hinduismo, sino también, con el tiempo, a las enseñanzas de otras formas tradicionales.

Por consiguiente, ésta no es una obra de erudición en el sentido en que lo entienden los orientalistas y los historiadores de religiones que estudian las doctrinas "desde el exterior" sino el fruto de un conocimiento de la "Ciencia Sagrada" transmitida tradicionalmente.

En cuanto a la autoridad que se desprende de este libro, como también de los otros trabajos de Guénon sobre el Hinduismo, citaremos el pasaje de una carta del Sr. Roger du Pasquier: "No fue hasta una estancia en Benares, que yo adquirí conocimiento de la obra de Guénon, en 1949. Su lectura me había sido recomendada por Alain Danielou, el cual había sometido las obras de Guénon a *pandits* ortodoxos. El veredicto de estos fue claro: "de todos los occidentales que se han dedicado a las doctrinas hindúes, sólo Gúenon, dijeron, ha comprendido verdaderamente su sentido".

Poco después Guénon publicaba con el editor Bosse, un pequeño volumen intitulado *El Esoterismo de Dante*.

La existencia de un sentido oculto en la obra del Dante y sobre todo en La Divina Comedia ya había sido sospechada a mediados del siglo XIX por dos eruditos de espíritu muy distinto, Rossetti y Aroux. Manteniendo posiciones radicalmente opuestas en materia religiosa, como igualmente en materia social, estaban sin embargo de acuerdo en el fondo de la cuestión, a saber que el sentido oculto en la obra del Dante, hacía aparecer a éste a la vez como herético y como revolucionario.

De sus tesis Guénon solamente retiene los elementos de información que ponen fuera de duda la existencia de un sentido escondido o, más bien, de unos sentidos ocultos, en los escritos del gran florentino, pero para precisar enseguida que, esoterismo no equivale a "herejía" y que una doctrina reservada a una elite, puede superponerse a la enseñanza dispensada a todos los fieles, sin oponerse a ella.

Lo mismo que en el terreno social, Dante no aparece de ningún modo como revolucionario y "socialista" sino como profundamente tradicional, defendiendo la concepción del Santo Imperio, la autoridad espiritual y el poder temporal, separados en la Cristiandad, aunque puedan estar reunidos en otras formas tradicionales. Guénon volverá sobre este tema en otra obra.

En ésta se aferra en demostrar que *La Divina Comedia*, traza en sus tres cantos un proceso de realización iniciática y atesta el conocimiento del Dante de ciencias tradicionales desconocidas por los modernos: la ciencia de los números, la teoría de los ciclos cósmicos, la astrología sagrada.

Esta cuestión, tan importante, del esoterismo medieval solamente está aquí aflorada y después no volverá a ello mas que ocasionalmente.

Esta reserva, en un terreno que es de un interés capital para los occidentales que es a quien se dirige toda la obra guenoniana, como podrá verse, cuando el autor se extiende ampliamente sobre las tradiciones orientales, esta reserva, decimos, puede parecer sorprendente.

El señor Jean Reyor, en el prólogo a una obra póstuma de Guénon, ha dado una explicación a la cual nos unimos plenamente;

"Esta reserva de René Guénon está ligada estrechamente al papel que él asigna en *Oriente y Occidente* y en *La Crisis del mundo Moderno* a la elite Occidental. La aportación de René Guénon consiste principalmente en una exposición sintética de doctrinas metafísicas orientales, destinada a despertar en los occidentales intelectualmente cualificados el deseo de encontrar y de volver a poner al día, en una cierta medida, los aspectos más profundos de su propia tradición. Es a estos occidentales a los que pertenece dar así la prueba de que la degeneración espiritual e intelectual de Occidente no es tan total, ni tan irremediable que deba excluirse toda esperanza de un enderezamiento. Era, pues, normal en esta perspectiva, que René Guénon se limitara, en lo que concierne a la tradición católica, a proporcionar algunas claves e indicar algunas vías de búsqueda".[76]

Hacia fines de este mismo año 1925, el 12 de diciembre, René Guénon pronunciaba en la Sorbona, la única conferencia pública que jamás diera.

El tema era *La Metafísica Oriental* o más bien *La Metafísica sin Epíteto,* que no es ni oriental ni occidental, sino "Universal".

---

[76] Prólogo de *Apercus sur l'ésotérisme Chrétien.*

Con una claridad y una concisión estremecedoras (el texto de la conferencia está contenido en 22 páginas), el orador dio en una hora, la quintaesencia de *l'Introduction*, del *Vedanta* y de *Oriente y Occidente*.

Después de haber subrayado el papel de Aristóteles y de la escolástica en el pensamiento occidental, hace esta declaración capital, de la que ciertas implicaciones no debían salir a la luz hasta un cuarto de siglo después:

"Por nuestra parte, nosotros tenemos la certeza de que ha habido algo más que eso en Occidente, en la antigüedad y durante la Edad Media. Que para el uso de una elite han habido doctrinas puramente metafísicas y que podemos considerar completas incluyendo la realización que, para la mayor parte de los modernos, es sin duda una cosa apenas concebible; si el Occidente ha perdido tan totalmente hasta su recuerdo, es que ha roto con sus propias tradiciones, por lo que la civilización moderna es una civilización anormal y desviada".[77]

Tres años antes, en el momento en el cual espíritus pertenecientes a corrientes intelectuales de lo más distintas unas de otras, agitaban la cuestión de las relaciones entre Oriente y Occidente, aparecía la traducción francesa de una obra que produjo cierta sensación, *Bestias, Hombre y Dioses* (ver pág. 40).

El autor Ferdinand Ossendowsky, antiguo funcionario de origen polaco, relataba un viaje más bien accidentado que realizó en 1920 a través de Siberia y Mongolia para escapar de los bolcheviques.

---

[77] *La Methaphysique Orientale*, París 1951, p. 14.

Encontrándose en Ourga en el momento de la toma de la ciudad por las tropas del Barón von Ungern-Sternberg, Ossendowski había sido recibido en audiencia por el Bogdo-Nahn, tercer dignatario de la tradición lamáica y allí tuvo ocasión —como también anteriormente durante el curso de sus peregrinaciones— de entrevistarse con varios lamas. En la última parte de su libro, Ossendowski relata las historias que le habían sido confiadas sobre el asunto de un reino subterráneo, designado por el nombre de *Agharti* y donde vivía un personaje misterioso, designado bajo el nombre de "Rey del Mundo" que dirigía los destinos de la humanidad.[78]

No era la primera vez que tales aseveraciones misteriosas eran hechas en Occidente. En una obra póstuma publicada en 1910, pero escrita más de veinte años antes, *La Mission de l'Inde,* sobre la cual es difícil emitir un juicio seguro, Saint-Yves d'Alveydre, daba la descripción de un centro iniciático subterráneo, bajo el nombre de *Agharta*. El libro de Saint-Yves, había pasado bastante desapercibido fuera de los ambientes ocultistas, (SaintYves fue conocido del gran público mucho después, durante la guerra de 1939-45 a propósito de la Sinarquía), pero al mismo tiempo, por razones políticas y a causa de la curiosidad que despiertan los relatos de viajes a países temidos por misteriosos, la obra de Ossendowski conquistó un gran auditorio y suscitó polémicas apasionadas. No faltaron las gentes que agitaron

---

[78] A propósito de Ossendowski, citaremos una anécdota que demuestra hasta qué punto un occidental moderno está poco dispuesto a comprender y admitir que pueda haber una organización oculta en nuestro mundo y fuerzas distintas a las estudiadas por la ciencia moderna. En el transcurso de una entrevista con Guénon, que éste relató a uno de sus amigos, Ossendowski, declaró que si no se hubiera traído de su viaje ciertos objetos y un carnet de notas, creería haber soñado. Y Ossendowski declaró: "¡lo hubiera preferido!"

el espectro del peligro amarillo y que asimilaron "El Rey del Mundo" al "Príncipe de este Mundo" del que habla el Evangelio, es decir, el diablo mismo.

Guénon aprovechó la ocasión que se le ofrecía para precisar la teoría tradicional de los centros espirituales y desarrollar la afirmación implicada en los relatos simbólicos de diversas tradiciones, relativos a la existencia de un centro espiritual supremo, que conservara a través de vicisitudes cíclicas, el depósito integral de la Tradición Primordial, revelada a la humanidad desde el principio de los Tiempos y de las cuales presentan adaptaciones, diversas tradiciones particulares.

Extrayendo de las tradiciones lamáicas e hindúes, en la Kábbala, en el Nuevo Testamento, en las leyendas del Santo Grial y también en las antiguas tradiciones griegas y latinas, Guénon traía pruebas de la creencia unánime y perpetua de la existencia de tal Centro Espiritual que es como la garantía de la ortodoxia de diferentes tradiciones y el "lugar geométrico" donde éstas comunican con la Consciencia de la Verdad Unica.

El libro de Guénon, *El Rey del Mundo,* apareció en 1927. Por más desconcertante y extraño que resulte para los espíritus modernos, constituye una de las obras maestras guenonianas, de la cual no se le puede disociar.

El autor nos dice queriendo subrayar la importancia en una página de una solemnidad inusitada, que a la vez atestigua del carácter de especial gravedad de sus revelaciones y de un cierto desacuerdo entre él y ciertos de sus informadores orientales, en relación a la oportunidad de éstas:

"No pretendemos decir todo lo que habría que decir sobre el sujeto al que se refiere el presente estudio, lejos de ello; y las mismas aproximaciones que hemos establecido, podrán seguramente sugerir muchas otras; pero a pesar de todo hemos dicho mucho más de lo que se había dicho hasta ahora y algunos ciertamente estarán tentados de reprochárnoslo. Sin embargo, nosotros no pensamos que sea demasiado y estamos incluso persuadidos que no hay allí nada que no deba ser dicho, aunque estemos menos dispuestos que nadie a contestar que ha habido lugar a considerar una cuestión de oportunidad cuando se trata de exponer públicamente ciertas cosas de carácter poco acostumbrado.

Sobre esta cuestión de oportunidad podemos limitarnos a una breve observación; y es que en las circunstancias en medio de las cuales vivimos hoy día, los acontecimientos se desenvuelven con tal rapidez, que muchas cosas cuyas razones no aparecen aun inmediatamente, podrían encontrar y aún antes de lo que se cree, aplicaciones bastante imprevistas, si no totalmente imprevisibles".[79]

Hemos tenido empeño en reproducir esta cita, a causa de lo que se sobreentiende, a saber, que Guénon en este momento estima poder ser el único juez del desarrollo de su obra y de la utilización de las enseñanzas que le han sido comunicadas.

Este cambio en las relaciones con ciertos representantes de la tradición hindú —pues es evidente que es por ese lado donde hay que buscar a los que podrían estar tentados de reprocharle haber dicho demasiado— va rápidamente a la

---

[79] *Le Roi du Monde*, París, 1950, pp. 90-91.

par con un cambio total de su vida personal.[80]

A propósito de esto, he aquí algunas precisiones que nos han sido proporcionadas por Argos, que fue de 1929 a 1931, uno de los colaboradores de *Le Voile d'Isis:*

"En esta época, yo hacía no pocas experiencias de psicometría, lo que no ignoraba nuestro amigo; así es que cierto día me entregó un cortapapeles que le había llegado de la India, y me pidió que lo psicometrizace: La visión me transportó a la India o más bien a Bengala, a un país que yo le describí. Vi un personaje de edad bastante avanzada, que también le describí. Este personaje estaba en relación epistolar con nuestro amigo, pero la comunicación había cesado bruscamente y ya no recibió ninguna carta más de la India.

La ruptura de esta relación corresponde a la aparición del libro escrito por Guénon sobre *El Rey del Mundo.* Yo siempre he pensado que la aparición de este libro había sido causa del fin de esa relación porque la información dada era demasiado precisa".[81]

---

[80] M. Marco Pallis, en su estudio sobre *René Guénon et le Boudhisme* refiere informaciones recogidas en Mongolia por el Profesor Georges Roerich, sobre el tema del reino de *Shamballah,* que confirman en cuanto a lo esencial, lo que Guénon y Ossendowski, han escrito relativo al Agharta (n° especial de E.T., pp. 313-314).
[81] *Correspondence personelle,* 26 octubre 1954.

CAPÍTULO VII

REBELIÓN CONTRA EL MUNDO MODERNO

En el mismo año de 1927, Guénon, a petición de algunos lectores fue llevado a precisar ciertas cuestiones abordadas en *Oriente y Occidente* y a contestar a ciertas críticas suscitadas por este libro. "Es entonces cuando conocí a René Guénon, director literario en las Ediciones Bossard, escribe el historiador y crítico literario, Sr. Gonzague Truc. A esta circunstancia es debida la publicación por esa editorial de *La Crisis del Mundo Moderno* y de *El Hombre y su Devenir según el Vedanta*.

"Puedo reivindicar a propósito del primero de estos libros, *La Crisis del Mundo Moderno*, una especie de paternidad totalmente ocasional. La idea nació en el transcurso de mis relaciones con el autor. Estábamos de acuerdo los dos, yo quizás de un modo más indiscreto, él con una exactitud y justicia más profunda y despiadada a execrar ese "mundo moderno" que, con un estúpido orgullo cada día apresuraba más su fin y donde su espíritu parecía hundirse para siempre bajo la ley de la cantidad. Yo le decía: "…haz algo ¡escribe sobre este asunto! y él realizó esta obra inspirada, muy rápidamente. Allí él se hallaba en su elemento y en el sentido de un movimiento que iba en crescendo y en donde se le debe colocar en uno de los primeros lugares."[82]

La Crisis del Mundo Moderno reemprende y precisa en varios puntos los temas principales de *Oriente y Occidente*, pero allí el autor aborda nuevos aspectos de la cuestión.

Primeramente sitúa el mundo moderno en la historia de la humanidad; exponiendo sucintamente la teoría hindú de los ciclos cósmicos y enseña que las características de nuestra época permiten identificar el último período del Kali-Yuga o Edad Sombría, es decir el extremo fin de uno de los grandes ciclos (manvantaras) que rigen el desarrollo de nuestra humanidad.

En esta época el obscurantismo espiritual no alcanza el mismo grado en el mismo momento, para todos los pueblos y para todas las regiones de la tierra. En el momento que escribe esto, destaca con claridad que el mundo occidental está en un estado de degeneración más avanzado que el mundo oriental.

A partir de aquí Guénon reemprende y desarrolla de nuevas maneras la descripción y la crítica de elementos que caracterizan el mundo occidental moderno; la supremacía que se otorga a la acción sobre el conocimiento, el carácter profano de la ciencia, tal como está constituida desde el siglo XVI, el individualismo que desemboca en el caos social. Es en definitiva, la descripción de una civilización que se ha vuelto exclusivamente material y cuya expansión amenaza a la humanidad entera.

Las conclusiones, que recogen otra vez el tema central de *Oriente y Occidente* relativo a la constitución de una

---

[82] *Souvenirs et perspectives de René Guénon*, art.cit., p. 335.

verdadera elite intelectual —entendamos por ello una elite habiendo encontrado a la vez el sentido profundo de su tradición y la noción de la universalidad tradicional— aportando igualmente las precisiones importantes sobre el significado y el alcance de la obra Guenoniana y que constituye una respuesta perentoria a las críticas que acusan a Guénon de querer "orientalizar" al Occidente o fundir su tradición en no se sabe que sincretismo.

Que el Occidente encuentre en sí mismo los medios de un retorno directo a su tradición por un "despertar espontáneo de sus posibilidades latentes" o que ciertos elementos occidentales realicen este "trabajo de restauración con la ayuda de un cierto conocimiento de las doctrinas orientales" es siempre la restauración de la doctrina propia a Occidente lo que constituye el motivo de la obra de Guénon. Vuelve a precisar que la condición mejor para el objetivo en cuestión sería que la elite en formación pudiera "coger un punto de apoyo en una organización occidental que tuviera ya una existencia efectiva; ahora bien, parece ser que no hay ya en Occidente más que una sola organización que posea carácter tradicional y que conserve una doctrina susceptible de proveer al trabajo del que se trata una base apropiada: es la Iglesia Católica. Bastaría con restituir a la doctrina de ésta, sin variar nada la forma religiosa bajo la cual se presenta al exterior el sentido profundo que realmente tiene en sí misma, pero que sus representantes actuales parecen ya hoy, no tener consciencia, ni tampoco de la unidad esencial con las otras formas tradicionales; siendo las dos cosas por supuesto inseparables una de otra. Sería el Catolicismo en el verdadero sentido de la palabra que, etimológicamente expresa la idea de "universalidad", lo que olvidan un poco demasiado los que querrían hacer de ella solamente la denominación de una forma propia y puramente occidental, sin ningún lazo efectivo con las otras formas tradicionales".[83]

Digamos por fin lo que constituye un elemento importante en la biografía de nuestro autor. Reproducimos una declaración de un tono bastante poco corriente en él:

"...aunque esto nos obligue a hablar de nosotros mismos, lo cual no está mucho entre nuestras costumbres, debemos declarar formalmente: según nuestro conocimiento no existe nadie que haya expuesto en Occidente ideas orientales auténticas salvo nosotros mismos; y lo hemos hecho siempre exactamente como lo hubiera hecho cualquier oriental que hubiera sido conducido por las circunstancias a hacerlo".[84]

Nos parece que este texto permite rectificar el error de los que han querido ver el origen de la obra de Guénon en las "conversaciones" de éste con Albert de Pouvourville, León Champrenaud y Abdul Hadi.

Cuando Guénon escribía la frase arriba citada, es decir en 1927, "no solamente Albert de Pouvourville estaba todavía vivo, sino que Guénon aún estaba en relación con él y se reunían frecuentemente en casa de Gary de Lacroze.

"Se podrá reparar en que la frase de Guénon quiere decir que ni Matgioi, ni León Champrenaud, ni Abdul Hadi pudieron ser para él "Maestros" en el sentido pleno y total de esta palabra. Esto implica en Guénon, la convicción de que su conocimiento de la doctrina tradicional, era extraído de una fuente más pura y más primordial que aquella de

---

[83] *La Crise du Monde Moderne,* París 1957, pp. 128-129.
[84] *La Crise du Monde Moderne,* París 1957, p. 119.

donde la habían extraído Pouvourville, Champrenaud y Abdul Hadi."[85]

La Crisis del Mundo Moderno es uno de los libros de Guénon que han conocido mayor difusión. No nos resistiremos al placer de citar la frase lapidaria por la cual el ilustre escritor alemán Leopold Ziegler formulaba su juicio "Aquí por fin lo temporal está medido, contado y pesado con medidas eternas y se lo ha encontrado demasiado ligero".[86]

Hemos mencionado ya, que muchas veces, Guénon y su mujer acudían por la noche a reuniones organizadas por uno u otro de sus amigos. Uno de estos era M. François Bonjean, que vivía en un gran apartamento del Boulevard Pasteur y que tenía costumbre de reunir en su casa los viernes por la noche, "a las personas que se interesaban en los asuntos presentes o futuros de Oriente u Occidente."

"…Salvo en raras excepciones, la compañía estaba formada por Musulmanes, Hindúes y Israelitas y de Cristianos que no tenían más que un oscuro conocimiento de su religión" y añadía, "estos jóvenes y brillantes orientales estaban fuertemente occidentalizados".

"Recuerdo que en esta época (estábamos en 1927) el objetivo de Guénon no era Egipto, sino la India. Su conocimiento del sánscrito y el hinduismo, era mayor creo que el del árabe clásico y el Islam. Consumado políglota, conocía además el latín, el griego y el hebreo, el alemán, el italiano, el español, el ruso y el polaco. De esta manera

---

[85] Jean Reyor, *A propos des Maures de René Guénon*, dans E.T. enero, febrero 1955.
[86] *René Guénon*, en *Deutsche Rundschau*, sept. 1934.

podía contestar a no importa cual de sus interlocutores en sus lenguas respectivas. "Todavía veo a Guénon, alto, delgado, rezumando buena fe, hacer frente a sus contrincantes". El espectáculo de este occidental defendiendo con tesón los legados de Oriente, contra orientales joviales, no era manco en grandeza y picante.

"Con una paciencia incansable, se esforzaba en convencer al auditorio de la existencia, en varios puntos de Oriente, de centros habilitados para conducir a los discípulos por las vías difíciles, a veces peligrosas, de la "purificación" y transmitirles gradualmente, la maestría así adquirida sobre las energías en estado salvaje del "psiquismo" verdad ésta que, comunicada el indigno, cesa de ser la verdad.

"A menudo la discusión no cejaba hasta la llegada del alba."[87]

Guénon también acogía en su casa, regularmente cada 15 días y a menudo los sábados por la tarde, a algunos amigos como Mercuranus, Argos y Jean Reyor. Este, que era un joven investigador, afirmaría más tarde, que "los años y la distancia, no han podido debilitar el recuerdo de su bondad, su benevolencia, de su delicadeza, del cuidado que ponía en amortiguar las distancias entre él y nosotros".[88]

El 15 de junio de 1928 René Guénon tuvo el profundo pesar de perder a su primera esposa; fue para él un verdadero dolor. Para colmo de penas su tía la señora Duru,

---

[87] *Souvenirs et réflexions sur René Guénon* en *Revue de la Méditerranée*, marzo-Abril 1951, p. 214220.
[88] *La dernière veille de la Nuit* en n° especial, E.T., 1951, p. 351.

moría nueve meses después. Sus cuerpos fueron enterrados en el panteón familiar, en el cementerio de Saint-Florentin, en el *faubourg* de Vienne, en Blois.

Quedó sólo con su sobrina, que, como recordaremos asistía a los Cursos Saint-Louis, pero se vio obligada a abandonar el colegio, pues la directora no admitía que la niña, ya convertida en una señorita, pues tenía catorce años, continuara viviendo sola con su tío. En aquella época, Guénon dejó el puesto que ocupaba en el Liceo Victor Hugo, que está situado en el *faubourg* Saint-Antoine, al lado del Museo Carnavalet; después comenzó a salir por las tardes y noches, regresando a casa muy entrada la noche. Detalle curioso, "cuando iba a casa de un amigo, la noche terminaba siempre con el tradicional vaso de café "au beurre" hecho con su filtro personal".[89]

La señorita B... se quedó poco tiempo en el Liceo, pues su madre en marzo, la fue a buscar. Esto fue para Guénon un nuevo disgusto y una nueva perturbación, pues siendo ante todo un intelectual, ignoraba todo lo referente a la vida práctica.

Si Guénon concedió desde 1925 a 1927, algunos artículos a nuestra revista, *Le Voile d'Isis,* que era en aquella época una de las pocas publicaciones espiritualistas reaparecidas posteriormente a 1920, después de la gran guerra, decidimos, hacia el final de 1928 cambiar el carácter de la revista.

En efecto, algún tiempo antes habíamos puesto en relación con Guénon a nuestro amigo Jean Reyor, que estaba ya enteramente adherido a las doctrinas

---

[89] *Journal de Mlle. B...*

tradicionales. Pedimos a este último considerar con Guénon una transformación completa de *Le Voile d'Isis*.

René Guénon aceptó conceder su colaboración regular con la condición de no ocupar ningún cargo y de ser considerado como un redactor más.[90]

Por lo que, de común acuerdo, decidimos escoger a nuestro viejo amigo Argos, como jefe de redacción, función que ocupó desde enero de 1929 a finales de 1931, época en que circunstancias fortuitas le impidieron continuar regularmente su colaboración.

A René Guénon y a Argos se les juntaron en este primer período, Patrice Genty, Gaston Demengel, Probst-Biraben, Marcel Clavelle, y más tarde en otro orden cronológico, André Préau, René Allar, Fritjhof Schuon.

A partir de 1933, para responder mejor a su contenido, la revista tomó el título de *Études Traditionnelles* que todavía lleva hoy día.

Por fin había encontrado René Guénon la voz con la cual podía expresarse en toda libertad y librar durante veinte años un combate incesante contra todas las ideas antitradicionales, al mismo tiempo que continuaba su obra doctrinal.

Hemos tenido ya la ocasión de señalar la muy elogiosa reseña de *Oriente y Occidente* de Léon Daudet. Guénon, por su lado, que cita pocos autores modernos, en una nota de

---

[90] Desde 1929, René Guénon se quejaba de las peticiones de información: "Si esto continua acabaré por no poderme salir de estas peticiones de información de todo tipo" decía.

L'Homme et Son Devenir cita el interés de ciertos trabajos de Daudet, tales como *L'Hérédo* y *Le Monde des Images;* en *Oriente et Occident* pide prestada a Jacques Bainville una página de un artículo sobre *L'Avenir de la Civilisation.*

No parece dudoso que existiera entonces, en grados muy diversos, una cierta simpatía entre Guénon y ciertos dirigentes de *l'Action Française.* Decimos; en grados diversos, pues nos parece evidente que Daudet era, de todos los jefes de l'Action Française, el más capaz de comprender a Guénon y de admitir, por lo menos parcialmente, sus puntos de vista; es no menos evidente que entre Guénon y Charles Maurras la simpatía debía estar bastante mitigada.

Circunstancias sobre las cuales no debemos extendernos aquí, demostraron pronto cuán grande era la desviación entre el tradicionalismo maurraciano y la concepción guenoniana de una sociedad tradicional.

Por su alocución consistorial, *Misericordia Domini,* del 20 de diciembre de 1926, el Papa Pío XI condenaba el movimiento de *Action Française,* "peligro tanto para la integridad de la fe y de las costumbres como para la formación católica de la juventud."

Desde el 26 de diciembre, la *Action Française,* por medio del famoso *Non Possumus* tomaba el partido de la resistencia a la autoridad de la Iglesia. Un decreto del Santo Oficio inscribía en el Indice ese periódico el 29 de diciembre.

La insumisión y la condena de *L'Action Française* turbaron durante años los centros Católicos en Francia y fuera de Francia hasta el punto que un miembro del Sacro Colegio, el Cardenal Billot, llegó a deponer la púrpura.

Aunque Guénon no se ocupara nada de política, no pudo evitar estar al corriente de este asunto que le parecía ilustrar de una manera característica la incomprensión de los modernos —aunque se proclamaran "tradicionalistas"— en cuanto a las relaciones normales de la religión y la política. Y fue él la ocasión de definir la doctrina tradicional sobre ese punto, ampliando la perspectiva y de escribir *Autoridad Espiritual y Poder Temporal,* que fue publicado en 1929 por el editor Vrin.

Aun afirmando que allí como en otros sitios, son siempre los principios lo que él tiene en cuenta, el autor reconoce en un prólogo:

"Las consideraciones que vamos a exponer en este estudio ofrecen además un cierto interés más particular, en el momento presente, a causa de las discusiones que han surgido estos últimos tiempos sobre la cuestión de las relaciones religión-política, cuestión que no es más que una forma especial, tomada en ciertas condiciones determinadas para las relaciones de lo temporal con lo espiritual. Esto es verdad, pero sería un error creer que estas consideraciones nos han estado más o menos inspiradas por los incidentes a los cuales hacemos alusión o que nosotros intentamos religarlas directamente a ellos, porque esto sería conceder una importancia muy exagerada a cosas que no tienen más que un carácter episódico y que no podrían influir sobre concepciones cuya naturaleza y origen son en realidad de "un orden diferente."

Desde el punto de vista tradicional, las relaciones entre lo espiritual y lo temporal se resumen principalmente en la misma relación que existe entre el conocimiento y la acción, estando la segunda, en una civilización normal, jerárquicamente subordinada al primero.

Concretamente, esta situación se traduce por el predominio de la casta sacerdotal sobre la casta real. En las civilizaciones tales como las de la India o la Cristiandad medieval, el sacro de los emperadores y los reyes constituyendo en principio, la marca de la autoridad reconocida al sacerdocio por el poder temporal.

Esta situación se encuentra invertida allí donde la casta real pretende la supremacía o hasta reivindica una independencia total.

El autor cita ejemplos en la India y en la Cristiandad con la querella de las investiduras y las disputas de los reyes de Francia, marcadamente la de Felipe el Hermoso con el Papado.

En cierto modo se puede decir que *Autoridad Espiritual y Poder Temporal* constituye el complemento indispensable a *Oriente y Occidente* y a la *Crisis del Mundo Moderno,* en el sentido de que el retorno a Oriente y a su tradición implicaría la toma de consciencia de las relaciones normales entre lo espiritual y lo temporal, pues:

"En tanto que subsista una autoridad espiritual regularmente constituida, aunque fuera desconocida por casi todo el mundo y hasta por sus propios representantes, fuera reducida a no ser más que la sombra de sí misma, esta autoridad llevaría siempre la mejor parte y esta parte no le sería retirada, porque hay en ella algo más elevado que las posibilidades meramente humanas, porque aún debilitada o dormida, ella encarna aún "la sola cosa necesaria, la única que no pasa jamás."[91]

---

[91] Cf. *Autorité spirituelle et pouvoir temporel,* 2ª edición. edit. París,

En 1927, la Librería de Francia, hoy día desaparecida, habiendo considerado la publicación de una obra colectiva consagrada a grandes figuras de santos católicos, René Guénon acepta escribir un breve estudio sobre San Bernardo, cuya personalidad le interesaba particularmente."[92]

En estas páginas adaptadas al gran público al cual estaban destinadas, Guénon demuestra cómo, en una sociedad tradicional, un contemplativo puede imponerse hasta el punto de convertirse en el árbitro de la Cristiandad.

El autor ve en el inspirador de la obra del Temple "el prototipo de Galaad, el caballero ideal y sin tacha, el héroe victorioso de la "busca del Santo Grial".[93]

A principios de 1930, aparecía una obra bastante extraña titulada *Asia Misteriosa. El Oráculo de Fuerza Astral como medio de comunicación con las "pequeñas luces de Oriente"* por Zam Bhotiva.[94]

El autor cuyo verdadero nombre era Cesare Accomani, cuenta que uno de sus amigos (Mario Filie) había recibido en 1908, en Bagnaia, de un misterioso eremita, el Padre Julien, un método de base numérica para comunicar con "los iniciados de los grupos que rodean Agharta"

Vega, 1947 pp. 117-18.
[92] La personalidad de San Bernardo interesa a la ciudad de Blois. En efecto Thibaud IV, Conde de Blois, entró en 1551, como monje en la Abadia Clairvault, fundada por San Bernardo y era el protegido del poderoso Conde.
[93] Cf. *Saint Bernard*, 3ème. édit. París, Les Edit. Trad., 1951, p. 20.
[94] Según el editor, Dorbon Aîné, la edición fue destruida durante la ocupación.

Se había solicitado a Guénon para que se interesara en este asunto y él siguió durante algún tiempo las experiencias que: "por extraño que parezca este sistema de comunicación, no ofrece a *priori* ninguna imposibilidad... ¿Por qué este método, bajo su apariencia estrictamente aritmética, no podría estar destinado a proporcionar un soporte a ciertas influencias espirituales de la misma manera que tales o cuales objetos materiales, hacen de soporte en todas las tradiciones?[95]

El libro de Zam Bhotiva, exponía además, de un modo enigmático, los principios del método, cuyo funcionamiento no debía ser revelado, ni tampoco el contenido de ciertas revelaciones que se decía haber obtenido por ese método.

Estas presuntas comunicaciones, no contenían nada que fuera válido y no pudiera ser conocido de otro modo. El libro terminaba con el anuncio de la formación de un grupo llamado los "Polares" destinado a preparar la venida de un misterioso personaje, designado por "Aquel que espera".

Guénon, que había aceptado en un momento dado conceder un prefacio a *Asia Misteriosa*, lo retiró cuando constató la puerilidad y hasta el absurdo de ciertos "oráculos" de "Fuerza Astral". Habiéndose enterado que a pesar de ello se utilizaba su nombre para atraer adeptos al susodicho grupo, Guénon procedió a una vigorosa aclaración.

"De hecho hemos seguido un poco las manifestaciones del método adivinatorio llamado "oráculo de fuerza astral", en una época en que no se trataba de fundar un grupo basado

---

[95] *Bull, des Polaires*, marzo 1931.

sobre las "enseñanzas" obtenidas por este medio, como allí había cosas bastante enigmáticas, hemos intentado esclarecerlas planteando ciertas preguntas de orden doctrinal, pero sólo hemos obtenido respuestas vagas e huidizas, hasta el día que una nueva pregunta, por fin, ha traído, al cabo de un tiempo bastante largo, a pesar de nuestra insistencia, un absurdo característico; a partir de entonces tuvimos ya la certeza del valor iniciático de las hipotéticas inspiraciones, único punto interesante para nosotros en toda esta historia.

"Fue precisamente, si recordamos bien, en el intervalo que transcurrió entre esta última pregunta y la respuesta, que se habló por primera vez de constituir una sociedad ridículamente denominada con el barroco nombre de "Polares", (si es que se puede hablar de "tradición polar" o hiperbórea, no se podría aplicar este nombre sin caer en el ridículo, a personas que, además, no parecen conocer de esta tradición más que lo que nosotros mismos hemos dicho en varios de nuestros trabajos.)

"Nos hemos negado a pesar de las muchas solicitudes no solamente a formar parte de ella, sino además *a apoyarla o aprobarla de cualquier forma,* tanto más cuanto las reglas dictadas por el "método" contenían increíbles puerilidades.

"En cuanto al "método", se podrá uno dar fácilmente cuenta, que no hay nada como ver en qué pueden convertirse los fragmentos de un conocimiento real serio entre las manos de gentes que se han apoderado de él sin comprenderlo en absoluto."[96]

Poco tiempo después se presentaron circunstancias que

---

[96] *Le Voile d'Isis,* jan. 1931, pp. 125-126.

tuvieron una influencia decisiva sobre toda la vida ulterior de René Guénon.

CAPÍTULO VIII

EN EL PAIS DE LA ESFINGE

Hacia el año 1925, teníamos por clientes de la librería a M. y Mme. Dina. Hassan Farid Dina, era un ingeniero egipcio; ella una americana, Marie W. Shilhito, hija del rey de los ferrocarriles canadienses. Ambos eran extraordinariamente ricos, sobre todo ella que disponía del usufructo de una fortuna considerable. Habitaban en invierno el castillo de Bar-sur-Aube y en verano, la finca "Les Aveniers", no lejos de Cruseilles, en la alta Saboya.

El Señor Dina había emprendido con la colaboración de varios sabios franceses, a sus expensas, el edificar sobre el monte Saleve, cerca de Cruseilles, a 1.300 m. de altura, un observatorio que estaba destinado a ser el más potente del mundo. Desgraciadamente dejó su obra inacabada, pues murió en junio de 1928, a borde un paquebote que lo traía de la India. Nos ha dejado una obra titulada *La Destinée, la Mort et ses Hypotheses,* la cual no está falta de interés.[97]

La Señora Vda. de Dina y René Guénon, se conocieron en nuestras oficinas del Quai Saint-Michel, un día de principios de junio de 1929. La Sra. Dina interesose

---

[97] París, Alean (P.U.F.), 1928.

vivamente por los trabajos de René Guénon, nuestro colaborador.

En septiembre de 1929 marcharon los dos para Alsacia, que visitaron durante dos meses casi completos, luego fueron a descansar a "Les Aveniers".

Guénon nos comunicó que su salud había mejorado muchísimo desde que había salido, de París; a otro de sus amigos le envió estos comentarios simbólicos:

"He aquí extrañas circunstancias: estamos sobre el monte Saleve, cuyo nombre parece también ser una forma de Montsalvat y justo al lado de éste está el monte Sion. El nombre de Cruseilles es también notable; es a la vez "le creuset" (el crisol) en el sentido totalmente hermético y "la creuzille" es decir la concha de los peregrinos".[98]

Durante el viaje se decidió que Mme. Dina compraría a los diversos editores, los libros de Guénon ya publicados, para centralizarlos en una sola empresa que seguidamente editaría las obras posteriores.

El depósito de libros ya publicados fue confiado primero a la firma Did Didier y Richard de Grenoble. Pero poco tiempo después Mme. Dina consideró la creación de una librería y de una colección que publicaría además de las obras de Guénon, otros trabajos de tendencia tradicional y traducciones de textos esotéricos, especialmente textos que concernieran al Sufismo.

Fue decidido que Guénon marcharía a Egipto con el fin de buscar, hacer copiar y traducir textos de esoterismo

---

[98] *Carta de R.G. a P.G.*

islámico. Mme. Dina lo acompañó en el viaje. Abandonaron Francia el 5 de marzo de 1930.

Guénon anunció entonces a sus amigos que marchaba a Egipto durante aproximadamente tres meses. Al termino de los cuales la Sra. Dina volvió a Francia y Guénon se quedó en el Cairo, pues el trabajo que se había emprendido estaba lejos de haber concluido.

Circunstancias sobre las que no nos extenderemos aquí, debieron muy pronto poner fin a los proyectos que habían motivado el viaje de Guénon, sin que ni siquiera tuvieran un comienzo de realización.

Desde los primeros meses de su estancia en El Cairo, no cesó de pensar en su retorno a Francia; primero habló del mes de septiembre de 1930, después del siguiente 15 de octubre y después del final del invierno de 1931. Acabó renunciando a este regreso, "hasta nueva orden", nos escribió, con tanto más motivo que ya no le quedaban en su país de origen ningún pariente próximo o lejano.[99]

Guénon vivía en El Cairo discretamente, no teniendo ningún contacto con la esfera de los europeos; ya que no era "el francés René Guénon" sino el Sheikh Abdel Wahed Yahia, pues optó por los usos y costumbres de su nueva patria.

René Guénon islamizado y hablando el árabe sin acento, supo encarnar el espíritu de pobreza viviendo una vida de las más modestas; durante algún tiempo residió en el hotel Dar al Islam, situado frente a la Mezquita Seyidna El Hussein, que contiene la tumba de varios descendientes del

---

[99] Correspondencia personal.

profeta.

Una mañana conoció en la mezquita al Sheikh Salama Radi que pertenecía a la rama Shadilita, la misma a la que pertenecía el Sheikh Elish, su iniciador por persona interpuesta.

Guénon fue durante algún tiempo a sus reuniones discutiendo con él problemas religiosos. El Sheikh Salama Radi murió en 1940.

Los dos primeros años de la estancia de Guénon en Egipto, fueron particularmente fecundos bajo el punto de vista de sus publicaciones; *Le Symbolisme de la Croix*, apareció en 1931 y *Les États Multiples de l'Être*, al año siguiente.

A decir verdad, estas dos obras eran el fruto de una larga maduración. La primera tirada del *Symbolisme de la Croix* apareció en *La Gnose* en 1910-1911 y una primera redacción de los *États Multiples de l'Être* fue hecha en 1915 pero no fue publicada, tal como resulta de una carta de Guénon a M. Jean Reyor. Los dos libros forman un complemento de *L'Homme et son Devenir selon le Vedanta* y constituyen con éste la parte esencial de la obra doctrinal de René Guénon.

Como hicimos con *l'Homme et son Devenir*, no trataremos de resumir estos libros que son en ellos mismos, exposiciones muy condensadas de la metafísica tradicional.

Se distinguen del Hombre y su Devenir en el sentido de que no se refieren especialmente a la doctrina hindú, sino que son en cuanto a su forma y en cuanto al fondo, obras más "personales" aludiendo indistintamente a las doctrinas y al simbolismo de diversas tradiciones; esto sobre todo en el *Symbolisme de la Croix*.

Les États Multiples comporta muchas menos citas y referencias; es verdaderamente una exposición "guenoniana" sobre las nociones más elevadas de la metafísica universal.

Con estos dos libros, la obra propiamente doctrinal de Guénon se puede considerar completa.

Las obras que seguirán están completamente consagradas a los medios de acceder al conocimiento metafísico efectivo, o en otros términos, a condiciones y a medios de la realización espiritual que constituyen la meta normal de todo saber teórico. En este orden, la aportación de Guénon no es menos importante que en el orden especulativo.

La colaboración de Guénon en nuestra revista, *Le Voile d'Isis* se había vuelto muy importante desde hacía unos años; entregaba en cada número dos artículos, uno puramente doctrinal, otro consagrado al simbolismo y numerosos análisis de libros y de revistas; ciertas personas se extrañaron de esto, por lo cual él hizo la siguiente aclaración:

"Jamás hemos soñado en lo más mínimo hacer del *Voile d'Isis* nuestra "cosa", si algunos de sus colaboradores se inspiran gustosamente en nuestros trabajos ha sido cosa completamente espontánea y sin que hayamos hecho nunca nada para inducirlos. No vemos en esto más que el homenaje que se rinde a la doctrina que nosotros expresamos de una manera perfectamente independiente de todas las consideraciones individuales".[100] Fue a principios de su estancia en Egipto, cuando Guénon entregó unos artículos a una revista totalmente redactada en Arabe, *"El Marifah"* (El Conocimiento) que parece ser tuvo tan sólo una existencia efímera.

De dos de estos artículos *L'influence de la civilisation islamique* y *Connais-toi même* fue publicada más tarde una traducción francesa en los *Études Traditionnelles* (diciembre 1950 y marzo 1951).

A propósito de estos dos artículos, hemos tenido la ocasión de constatar hasta qué punto dominaba con maestría Guénon la lengua árabe. Habiéndose enterado uno de sus amigos, de la existencia de estos escritos, le pidió si por favor quería entregarle el texto en francés. Guénon le repuso que no existía texto de dichos artículos en francés, habiendo sido estos redactados directamente en árabe.

Fue entonces cuando este amigo hizo traducir estos artículos al francés, y Guénon solamente los revisó. También entregó a la misma revista otros artículos sobre *Las influencias errantes,* que no son más que pasajes de *L'Erreur Spirite.*

Desde que se instaló en El Cairo, Guénon recibía una correspondencia cada vez más voluminosa. Se había impuesto como un deber contestar a todos los que le escribían y para lograrlo pasaba veladas y noches enteras sin dormir.

Se mostraba de una paciencia y de una benevolencia incansables, pero no permitía que las preguntas

---

[100] G. Boctor, *L'Égypte Nouvelle*, 2 fevr. 1952.

sobrepasaran un cierto límite.

A algunos que le pedían que precisara las fuentes que lo documentaban, acabó por responder públicamente;

"No tenemos porque informar al público de nuestras verdaderas fuentes... éstas no comportan en absoluto referencias."[101]

Después del hotel Dar-El-Islam, Guénon fue a vivir a la calle Tambaksiyyah en la casa del Hajj Dhadil al Halawani; sin embargo, no estuvo más que una corta temporada, pues fue a vivir definitivamente a la calle Koronfish, en la casa de Dohol el confitero, situada cerca de la Universidad de El Azhar, el colegio sagrado al cual acuden de todas las partes del mundo los que quieren instruirse a fondo en la teología y la jurisprudencia del Islamismo, pero en la cual, estamos casi seguros Guénon no ejerció ninguna función. La habitación que ocupaba en la calle Koronfish, dependía del apartamento de M. y Mme. Ramadan Ridwân.

Sucedió que una mañana al alba, como cada día, René Guénon se encontraba en la Mezquita de Seyidna el Hussein, rezando ante la tumba del Santo, cuando se apercibió que a su lado estaba uno de los inquilinos de la casa que él habitaba. Los dos hombres se dieron a conocer y simpatizaron y es así como el Sheikh Mohammed Ibrahim, negociante de su estado, entró en relaciones con el Sheikh Abdel Wahed Yahia, "el francés René Guénon".

Su amistad se estrechó tanto que el Sheikh Mohammed Ibrahim invitaba frecuentemente a Guénon a ir a su casa. "Llevaba una vida completamente a la oriental, comía en un

---

[101] *Le Voile d'Isis*, noviembre 1934, p. 425.

cuenco común, sentado con las piernas cruzadas ante sí y saludaba llevándose la mano al corazón."[102]

Y es así como a final de julio de 1934, René Guénon o más bien Abdel Wahed Yahia se casó con la hija mayor de su huésped y fue a vivir a casa de su suegro.

Enseguida proyectó hacer un viaje a Francia a fin de arreglar los asuntos que había dejado pendientes en el momento de su partida en 1930, pero por varias razones este proyecto que por el momento se pospuso, no se realizó jamás. Guénon no debía ya volver nunca más ni a Francia ni a Europa.

Por aquella época en París, un oscuro literato publicó en *Gringoire* una especie de "encuesta novelada" en la cual ponía a Guénon en cuestión de un modo manifiestamente hostil.[103] Por el contrario en Alemania el filósofo Leopold Ziegler, en la revista *Deutsche Rundschau* en el número de Septiembre de 1934, señala la importancia de la obra guenoniana. Igualmente en *Philophische Hefte*, publicada en Praga, Siegfried Lang resume unos bastante largos pasajes de *l'Introduction Generale aux Doctrines Hindoues* relativos a la noción de religión, al Budismo y el Yoga.[104]

En el mes de junio de 1935, Guénon desalquiló el apartamento de la calle SaintLouis-en l'Ile, dándose cuenta de la inutilidad de su vuelta a Francia. Todo lo que contenía el apartamento fue desalojado por uno de sus amigos; libros y papeles fueron expedidos por cajas a Alejandría y los

---

[102] *Le Voile d'Isis,* noviembre 1934, p. 427.
[103]
[104]

muebles o vendidos o enviados a Blois.

La llegada de estas cajas le obligó a irse de casa de su suegro, por ser ésta demasiado pequeña para contener todas sus pertenencias. Se trasladó a vivir a la calle de El Azhar, frente a los almacenes David Ades. Su suegro y su cuñada fueron a vivir allí con él y con su mujer.

En el mismo año, durante el mes de julio, Guénon y su mujer se fueron de El Cairo para ir a pasar un mes al borde del mar, en Alejandría, "a fin, dijo, de cambiar de aires". Estas fueron las únicas vacaciones que se permitió durante los últimos veinte años de su vida.

Habiendo fallecido su suegro en mayo de 1937, volvió a trasladarse en julio para irse esta vez a vivir a las afueras del Cairo; "en un lugar", nos escribe, "donde no se oye ningún ruido y donde uno no se expone a ser interrumpido constantemente por unos y otros".

El lugar soñado lo descubrió Guénon a diez minutos en coche del centro de El Cairo en el *faubourg* de Doki, al oeste de la ciudad. En la esquina de una calle tranquila, la calle Nawal. Era una casa blanca, escondida en la vegetación, con la apariencia de un *cottage* sin coquetería ni pobreza. Desde allí se descubría a lo lejos, las dos grandes pirámides, por encima de la línea sombría del palmeral.

Guénon la llamó "Villa Fatma", por amor a su mujer que se llamaba así. "Si su obra impasible no revela nada, su caridad hace suponer que era en su vida, muy bueno y afectuoso con sus amigos."[105]

Se entraba en la villa atravesando una puerta de madera y un pequeño jardín abrasado por el calor, donde sobrevivían algunas matas de buganvillas, después, subiendo unos escalones, se entraba en la casa por una puerta con alero, en cuyo dintel se podía leer esta frase en árabe; "Dios es la Majestad de Majestades." Daban al vestíbulo embaldosado todas las habitaciones de la villa, cuyas puertas estaban abiertas pero con las persianas cuidadosamente cerradas, a causa del gran calor.

Guénon se había reservado dos habitaciones para su uso personal. Una era su despacho, otra su oratorio.

En el centro de su despacho había una mesa escritorio con todo lo que comporta, su silla de un estilo árabe rústico en madera negra, sobre la que se sentaba y a cada lado del escritorio, un sillón de terciopelo, para los visitantes. Frente al escritorio dos altas estanterías de madera blanca estaban llenas de sus carpetas, libros y revistas, meticulosamente alineadas y etiquetadas. Detrás de él, en la pared, se podía leer en árabe: "Cuanto más agradecido seas, tanto más serás colmado" Sobre el muro de la derecha estaba escrito: "¿Qué es la victoria sino lo que viene de Dios?" Sobre el muro de la izquierda se leía: "Allah es Allah y Mahoma su Profeta."

Su oratorio comportaba además de su alfombra para las oraciones rituales, orientada en dirección a la Meca, un panel sobre el que se podía leer una oración musulmana, cuya traducción he aquí:

En el Nombre de Dios bueno y misericordioso,

---

[105] A. Allard L'Olivier. *Synthèses,* sept. 1951, p. 34.

El sólo está vivo y es Eterno.
El está fuera del sueño y del tiempo
Y para El no hay ni cielo ni tierra.
A nadie le es otorgado nada sin su consentimiento,
El sabe lo que tienen nuestras manos y lo que está escondido.
Nada de su Conocimiento es conocido sin su voluntad.
Su Trono es mayor que el cielo y la tierra
El es el Altísimo, el Todopoderoso.

Una cosa que resultaba extraña en el país donde vivía, era el dormitorio. Había una gran cama europea, a su lado se hallaba una mesa baja, incrustada de nácar. También había algunos muebles árabes, toscamente tallados, en madera negra y varios sillones de terciopelo del mismo estilo de los del despacho.[106]

Guénon estaba feliz por haberse ido de la ciudad y ya no sentía la necesidad de desplazarse. Habiendo huido de toda vanidad, se sumergía más y más en un severo incógnito. Si su nombre francés era célebre en el mundo intelectual, para sus correligionarios no era más que el Sheikh Abdel Wahed Yahia, un musulmán tradicional, como muchos otros, bajo el fez y la chilaba. A partir de aquel momento, hasta sus amigos en Francia ignoraban su nueva dirección, no teniendo más referencia para comunicarse con él que la indicación del número de un apartado de correos.

Al poco tiempo y apenas instalado en la "Villa Fatma" fue presa de unas crisis de reuma tales, que durante unos meses le fue imposible realizar el menor movimiento; "Yo no sé", dirá él más tarde, "si fue debido al cansancio del

---

[106] La mayor parte de estas referencias nos han sido suministradas por Mme. W.

traslado o a otra cosa." Lo que sí es cierto, es que sus dolores eran intensos, cuando pasaba demasiado tiempo escribiendo, por el contrario no sentía el menor cansancio andando, lo que le parecía extraño.

Pero Guénon no había llegado al final de sus penas; en 1938, la gripe cayó sobre él y le costó mucho vencerla.

Hacia la mitad de 1938 su salud se recuperó, pero a mediados de abril de 1939 tuvo por segunda vez la gripe, en esta ocasión con un violento dolor de garganta que le causó un extraño cansancio; después fue abatido por una grave crisis de reuma que lo inmovilizó durante seis meses.

En esta época Guénon recibió la visita, dos o tres veces por semana, de un inglés islamizado, instalado hacía poco en Egipto, el Sheikh Abu Bakr, que vivía en un pequeño pueblo cerca de las Pirámides.

"Cuando fui a ver a René Guénon, nos escribe su visitante, estaba (en su oratorio) echado en el suelo, sobre almohadones; su barba (que había dejado crecer), era blanca, lo que le sentaba admirablemente, pero se la afeitó en la primavera de 1940, cuando se levantó de su enfermedad por primera vez. Llevaba un anillo de oro, con el monosílabo sagrado AUM, grabado sobre él" y añade la persona que nos escribe, "yo siempre entendí que fue su gurú el que se lo dio. A su mujer le había dicho que era el Nombre de Dios."

En agosto de 1939, Guénon recibió una visita de algunos días de Mr. Frithoff Schuon, que ya había ido a verle el año anterior y que debía escribir en un libro aparecido después de la guerra y titulado *De l'Unité Trascendante des Religions:*

"Las verdades que acabamos de expresar aquí, no pertenecen como propias a ninguna escuela ni a ningún individuo; si fuera de otra manera no serían verdades, pues éstas no pueden ser inventadas, sino que deben necesariamente ser conocidas en todas las civilizaciones tradicionales integrales, tanto si la forma de esta tradición es religiosa como en Occidente y el Próximo Oriente o puramente metafísica como en la India y Extremo Oriente, en cuanto al Occidente moderno cuyo origen se halla en el olvido casi total de estas verdades, éstas han sido formuladas —creemos, por primera vez, por escrito y en libros— por René Guénon, que se constituyó en el intérprete, en una serie de obras extraordinarias de la intelectualidad siempre viva de Oriente y más particularmente de la India. Es, pues, del mayor interés tener conocimiento de estas obras[107]. Entre otros amigos que fueron a Egipto para tener noticias de René Guénon, citaremos a un americano islamizado, el Sheikh Abdel al Kaour y a una francesa Mme. Valentine de Saint-Point, que habiendo entrado en el Islam, llevaba el nombre de Rawheya Nour Eddin. Esta señora, sobrina-nieta de Lamartine que de 1907 a 1917 se reveló como poetisa y novelista, había sido la anfitriona en París, en la avenida de Tourville, hacia el año 1920 de un salón literario y cuatro años después por causas que ignoramos, se retiró a tierras del Islam.

---

[107] F. Schuon. *De l'Unité trascendente des Religions,* París 1948, pp. 12 y 13.v

CAPÍTULO IX

EL ANUNCIADOR

La segunda guerra mundial interrumpió nuestras relaciones y la publicación de los *Études Traditionnelles*. En cuanto se reanudaron las relaciones con Egipto, René Guénon nos propuso volver a estudiar el enfoque que se podía dar a la reanudación de la publicación de la revista, lo cual tuvo lugar hacia finales de 1945.

Durante este tiempo sucedió un hecho que denota el interés que podían suscitar las ideas expuestas por René Guénon en un espíritu, sin embargo muy alejado de los conceptos tradicionales.

Estando de paso en Fez, en 1945, el escritor André Gide, conoció a Si Abdallah, un francés islamizado, llamado Georges, gran amigo de René Guénon, que puso a su disposición libros de aquel a quien él consideraba su Maestro. Estos libros fueron para André Gide toda una revelación, tanto más cuanto lamentó amargamente no haber conocido antes una obra tan extraordinaria y que quizás hubiera hecho cambiar el curso de sus meditaciones.[108]

En 1944, René Guénon tuvo la dulce alegría de ver nacer a su primera hija, Khadija, que era todo un retrato de su madre.

Poco tiempo después, se produjo un acontecimiento que atestigua una sensibilidad que no pueden sospechar los que solamente conocen a Guénon por sus escritos.

Estaba ligado por la amistad con un inglés orientalizado bajo el nombre de Sheikh Hussein. Este hombre muy pobre y que había sido acogido por él en la "Villa Fatma", fue un día víctima de un accidente que le costó la vida. Un camión lo arrolló en una calle del Cairo. El cuerpo de esta desgraciada persona que nadie reclamaba, había sido transportado al depósito de cadáveres, Guénon, al enterarse de la noticia, ofreció al difunto la hospitalidad de su tumba, al igual que en vida le había ofrecido la hospitalidad de su casa.[109]

En esa misma época, René Guénon recibió alguna visita de Mr. Bammate, cuyo relato está impregnado de una gran sinceridad.

"La primera impresión que daba Guénon en su saloncito burgués de El Cairo, era, a pesar de su indumentaria árabe que era de una gran sencillez, la de un profesor de Facultad, filósofo orientalista. Impresión desconcertante, por cierto, pues él realmente no apreciaba mucho ni a los unos ni a los otros. Sobre su rostro alargado a la española, que parecía un retrato del Greco, sus ojos parecían sobreañadidos,

---

[108] André Gide. *Journal*, 1942-1949, París, Gallimard, 1950, p. 195.
[109] G. Boctor. *L'Égypte Nouvelle*, 2 febrero de 1952.

testificando algo. Demasiado grandes, parecían de procedencia extranjera, salidos de otro mundo y era justamente así porque buscaban más allá.

"Pero sobre todo hay que decir cuánto y qué bien sabía Guénon escuchar". Escuchaba el silencio quizás más atentamente que lo demás... Su filosofía natural era la del que interroga.

"Respeto, discreción; lo más oriental en su porte era una forma de cortesía que traduce el temor a importunar. Esta manera de aparecer confuso, es una forma de pudor. Pero René Guénon llevaba su calidad a su más alto grado, hasta hacer de ella una especie de cortesía metafísica.

"Nada lo expresaba mejor que las bendiciones familiares con las que salpicaba su conversación. Con sencillez daba así hasta en la mesa, un valor ritual a la repartición del pan, al gesto que tenía para echarle la sal, a la ofrenda que os hacía al ofreceros un pichón asado".[110]

Cuando en marzo de 1945, volvimos a tomar contacto con Guénon, tuvimos el pesar de enterarnos que de nuevo estaba enfermo, fatigado por una tos persistente, que disminuía su capacidad de trabajo.

A principios de mayo de 1946, su mujer Fatma realizó la peregrinación a la Meca, con su hija pequeña Khadija de un año y medio de edad. A su regreso adoptó la denominación de "Hagga" Fatma. Guénon no pudo acompañarla por no ser egipcio. Por aquella época nos narra con cierto humor el Dr. Abdel Halim Mahmoud, profesor de teología en El Azhar, una curiosa aventura. Deseando

---

[110] N. Bammate *Visites a René Guénon*, N.R.F. n° 30, 1955, p. 126-127.

vivamente conocer el Sheikh Abdel Wahid Yahia, del cual le había hablado un amigo suyo en París, donde se encontraba cuando preparaba su tesis de derecho, poco después de la ocupación, en cuanto averiguó la dirección de Guénon en Doki, se dirigió a la Villa Fatma.

"Llamé a la puerta y pedí a la sirvienta que le rogara una entrevista para mí al Sheikh y me dispuse a esperar el permiso para ser recibido. Al cabo de un momento vi que salía la sirvienta y que aproximándome una silla de madera, me rogaba que esperara."

"Me senté delante de la puerta de la calle y esperé. Los minutos pasaban y la espera se prolongaba: en cierto momento vi a la sirvienta que se acercaba; creí poder entrar pero ella me rogó que me marchara y que volviera al día siguiente a las once."

"Me fui con pena y asombro en mi ánimo, mi rostro teñido de confusión. Sin embargo esta desventura había excitado en mí el deseo de ver al Sheikh, que ponía una silla en la calle para sus visitantes y que al cabo de un tiempo les rogaba que se fueran y volvieran al día siguiente."

"Me presenté pues, al día siguiente, a la cita, llamé a la puerta lleno de aprensión, aspirando a entrar, pero no fui más afortunado que el día anterior; en vez de recibirme me rogaron que escribiera lo que deseaba, diciéndome que se me contestaría."

"Me fui pero sin escribir nada. ¿Para qué escribir y sobre qué? Los días pasaban y no se borraba de mi ánimo ese asunto. ¿Quién era ese Sheikh?"

"Habiéndome dirigido un día a casa del director de la

misión laica francesa en Egipto, éste me preguntó si yo conocía a René Guénon; habiéndole contestado negativamente, me empezó entonces a hablar del Sheikh Abdel Wahed Yahia. ¡Yo entonces comprendí! Al contarle mi historia, me animó a perseverar en mi tentativa. Pero, ¿cómo hacerlo?"

"Pero un día el correo me trajo una carta de un amigo, un profesor eminente, en la cual me hacía saber que el Sr. Héctor Madero, ministro de Argentina en Egipto y que le había ido a visitar a su despacho, le había pedido alguien con el cual él pudiera hablar sobre filosofía musulmana y como fuera que este amigo mío había pensado en mí, me rogaba que nos reuniéramos."

"Este encuentro tuvo lugar y las primeras palabras del Sr. Madero fueron; ¿Conoce Vd. al Sr. Guénon? Relaté una vez más mi historia y el embajador me dijo";

"Ha llegado Vd. a un punto decisivo, que es el de conocer su dirección, lo que representa una enorme victoria. Considere Vd. que los periodistas franceses, los suizos y muchos otros vienen a Egipto, para entre otras misiones, buscar a Guénon, pero tienen que volverse sin encontrar ni el más leve indicio, llenos de amargura, no habiendo podido alcanzar su objetivo."

"Ahora bien, lo que yo tanto he deseado se pudo realizar gracias al Sr. Madero, el cual era amigo de Guénon."

"Jamás olvidaré ese día, un domingo, en el cual llamamos a la puerta de "Villa Fatma". Después de una larga espera se presentó a nosotros un Sheikh de alta estatura, cuyo luminoso semblante inspiraba veneración y expresaba dignidad y majestad; sus ojos expelían rayos de inteligencia y sus rasgos bondad y piedad."

"El Sheikh abrió la puerta él mismo, manteniéndose delante nuestro cara a cara; habiéndole deseado el *sâlam*, nos devolvió el saludo. Nos preguntó entonces el objetivo de nuestra visita, a lo que contestó el Sr. Madero, que al mismo tiempo le retransmitió el saludo de uno de sus amigos. En cuanto se retransmitió el saludo de este amigo el Sheikh nos hizo pasar. Durante la entrevista que siguió yo estuve decepcionado, pues el Sheikh se mantuvo silencioso, sin pronunciar palabra. Afortunadamente el Dr. Madero sostuvo la conversación, subrayando y alabando los puntos de vista del Sheikh. Después nos retiramos, no sin haber pedido a nuestro huésped el poder volver a visitarlo. Esta nueva entrevista tuvo lugar varios días después. Fue entonces cuando el Sheikh nos habló y nos explicó su actitud; nos dijo que vivía retirado por temor a los indiscretos que sólo deseaban perder el tiempo en conversaciones personales e insignificantes, pero que había visto en nosotros un deseó sincero de conocimiento y fue así como desaparecieron entre él y nosotros todos los obstáculos."

Algún tiempo después de esto, lo arrastramos fuera de su nido y nos acompañó a la Mezquita del Sultán Abu'l Ala.

Habiendo entrado en un grupo que recitaba el "dhikr", René Guénon empezó a murmurar ensimismado y a sacudirse; después sus palabras se tornaron audibles y sus movimientos se intensificaron; por fin he aquí que se sumergió y abismó en el "dhikr", al cabo de un tiempo tuve que despertarlo, hasta que se sacudió violentamente con un estremecimiento; recuerdo que pensé que regresaba de lugares remotos e ignorados".[111]

Conocimos personalmente al Sr. Madero y damos las gracias vivamente al hijo del Dr. Mahmüd que nos complació entregándonos un ejemplar de la contribución de su padre a nuestro trabajo.

Desde 1929, René Guénon había colaborado regularmente en la revista *Le Voile d'Isis* con extractos y artículos mensuales. La correspondencia que provocó la difusión de su obra fue convirtiéndose progresivamente en más y más numerosa, de manera que entre 1932 y la guerra de 1939, no le fue posible publicar ninguna otra obra nueva más.

Las relaciones entre Egipto y la mayoría de los países Europeos se rompieron a causa de los acontecimientos de la segunda guerra mundial; René Guénon aprovechó el rato que en otros tiempos le ocupaba su correspondencia y la colaboración en su revista, que era desde 1935 *Études Traditionnelles*, para la puesta a punto de una serie de volúmenes que se publicaron al finalizar las hostilidades; dos de estos trabajos se cuentan entre los más importantes, por diferentes motivos.

El primer volumen apareció en 1945: *El Reino de la Cantidad y los Signos de los Tiempos*. Este libro pertenece al mismo tiempo a las obras doctrinales y a los volúmenes de crítica.

En su prólogo el autor constata que "Los

---

[111] Dr. Abdel-Halim Mahmud. *El Filosofo Musulman o Abdel Wahid Yahia*, Le Caire, 1954. El único trabajo existente en árabe, sobre René Guénon.

acontecimientos no han hecho más que confirmar completamente y sobre todo demasiado rápidamente", los puntos de vista que él exponía en *La Crise du Monde Moderne* relativos al desorden creciente que se manifiesta en todos los dominios. "Pero", dice, "no basta denunciar los errores" y "tan útil como esto pueda ser; es aún más interesante y constructivo el explicarlos; es decir buscar cómo y por qué se han producido".

En esta búsqueda de las causas, el autor es llevado a exponer los datos de orden cosmológico que no había tenido aún ocasión de abordar. Se encuentran al principio del libro seis capítulos, que constituyen el indispensable complemento de las grandes obras doctrinales; *Qualité et Quantité, Materia signate quantitate, Mesura et Manifestion, spatiale et space qualifié, les determinations quantitatives du Temps, Le Principe d'individuation*.

El resto de la obra está consagrado a la descripción de las modificaciones en la esfera humana y cósmica desde los orígenes del presente ciclo hasta nuestra época, al igual que a las de los acontecimientos del "fin de los tiempos" tal como resulta de las indicaciones aportadas por diversas tradiciones. Por su título, como por su contenido, este libro es una solemne advertencia a una humanidad en perdición.

La segunda obra capital aparecida después de la guerra, *Apercus sur l'initiation,* expone las condiciones y los medios necesarios para pasar del dominio del conocimiento teórico al de la realización espiritual.

A decir verdad, el contenido de este volumen no era enteramente nuevo en cuanto a lo esencial, habiendo escrito René Guénon en *Le Voile d'Isis* y después en *Études Traditionnelles,* una serie de artículos sobre la iniciación, escalonados entre 1932 y 1938.

En esta obra, el autor explica de qué naturaleza es la iniciación: que es esencialmente la transmisión por ritos apropiados, de una influencia espiritual destinada a permitir al ser que está actualmente en el estado humano alcanzar el estado espiritual, que diversas tradiciones designan como el "estado edénico" y elevarse después a los estados superiores del ser y, por fin, obtener lo que se puede llamar indistintamente "liberación" o "estado de Identidad Suprema".

René Guénon precisa aquí las condiciones de la iniciación y las características de las organizaciones capaces de transmitirla y, de paso, marca la distinción entre la vía iniciática y la vía mística.

Nos encontramos aquí con una obra verdaderamente única en la literatura de todos los tiempos y de todas las tradiciones. Jamás hasta ahora, por lejos que nos remontemos en la bibliografía universal, las cuestiones relativas a la iniciación habían sido objeto de una exposición de conjunto de carácter público.

Hacía falta seguramente que la ignorancia relativa de este tema se hubiera vuelto muy general, incluso en el seno de las organizaciones esotéricas repartidas por el mundo occidental y hasta en ciertas partes de Oriente, para que una exposición pública de este género se volviera posible y hasta necesaria. Recordemos aquí el adagio rabínico; "Más vale profanar la Torah que olvidarla".

Sobre un punto particular pero importante, los *Aperçus sur l'initiation* precisan la posición de Guénon sobre la Masonería que define como la sola organización extendida por el mundo occidental, que pueda junto con el "Compagnonnage" y la sobrevivencia de ciertos grupos esotéricos cristianos de la edad media reivindicar "un origen tradicional auténtico y una transmisión iniciática real".

La tercera obra de esta nueva serie: *Les Principes du Calcul Infinitesmal* trata de un asunto muy especial y que sin embargo permite al autor abordar la distinción metafísica de lo infinito y de lo indefinido, generalmente tan desconocida por parte de los matemáticos y los filósofos modernos.

He aquí una de las raras circunstancias en que Guénon ha tratado el desarrollo de cierta ciencia y demostrado la diferencia entre una ciencia tradicional y una ciencia profana, aplicadas al mismo dominio.

Y finalmente éste debía ser, no el último libro pero sí el último publicado en vida, Guénon hizo aparecer en 1946, *La Grande Triade,* todo él casi "nuevo", como el precedente, incluso para los lectores de *Études Traditionnelles.*

El autor se refiere principalmente aquí a la tradición china, donde *La Grande Triade* —que es también el título distintivo de una vasta organización Taoísta— se define: Cielo-Hombre-Tierra. Es decir que nos hallamos aquí con una exposición de doctrina cosmológica tanto como metafísica basada sobre el ternario examinado en *Les Trois Mondes.*

A pesar de su título Taoísta, la obra hace ampliamente alusión a las doctrinas herméticas y al simbolismo masónico que ocupará además cada vez más lugar en los artículos que Guénon entrega a *Études Traditionnelles* hasta el momento en que su mano ya no puede sostener más la pluma.

La Grande Triade, obra muy rica en información de toda clase, queda como el último testimonio importante de la inmensa erudición del autor y de la maestría de su espíritu de síntesis.

A finales del año 1946, Guénon, no pudiendo ya habitar la "Villa Fatma" como hubiera deseado y quizás por razones que ignoramos, la alquiló y fue a vivir en pleno centro del Cairo, en la calle Gam'a Abdine, cerca del palacio real.

El apartamento, pequeño y sombrío, daba sobre los jardines del Palacio y era húmedo, a causa de los grandes árboles que bordeaban los jardines.

Sin embargo fue allí donde nació Lelia, su segunda hija, a principios de 1947. Fue para él una alegría mezclada de decepción, pues había esperado el nacimiento de un hijo. Leila tenía los ojos azules y el pelo rubio.

Habiendo regresado a la "Villa Fatma" en febrero de 1947, recibió poco después la visita del Sr. Marco Pallis, acompañado del hijo de A. K. Coomaraswamy. Debemos detenernos un momento para comentar esta última visita.

En una época que no sabemos precisar, René Guénon había entrado en relación con el eminente orientalista A. K. Coomaraswamy, de origen anglo-indio, director del Museo de Bellas Artes de Boston, considerado como una gran autoridad en materia de arte oriental y de religiones comparadas.

Por otro lado estaba también en relación con el explorador Marco Pallis, quien después de haber visitado varios países de Oriente, a partir de 1933 había emprendido una expedición por el Himalaya, de la cual había hecho una relación en 1939, bajo el título *Peaks and Lamas*. Habiendo tenido ocasión de estudiar particularmente el Budismo, Coomaraswamy y Marco Pallis reunieron una documentación doctrinal y textual que condujo a Guénon a revisar su posición respecto a esta forma tradicional. Los lectores de las primeras ediciones de *L'Introduction Générale a l'étude des doctrines hindoues* saben que Guénon consideraba el Budismo original como una tradición heterodoxa, que ulteriormente había sido "rectificada" bajo las influencias shivaitas, en las ramas designadas bajo el nombre del "Gran Vehículo" (Mohâyâna), habiendo quedado las ramas del "Pequeño Vehículo" (Hînayâna) tachadas de heterodoxia.

Las referencias que habían aportado Coomaraswamy y Marco Pallis convencieron a Guénon de que si bien sus apreciaciones concernientes al valor respectivo de los dos "vehículos", en su estado presente, estaban perfectamente justificadas, convenía examinar el desenvolvimiento histórico del Budismo de una manera diferente.

Resulta del profundo examen realizado por estos tres autores, que el Budismo debe ser considerado como una adaptación regular del Hinduismo para la adopción de los no hindúes. Comprendiendo desde su origen los dos "vehículos" y correspondiendo, en cierto sentido ambos a un esoterismo y a un exoterismo. Y sería en ciertas ramas del Hînayâna donde se habrían producido, en el transcurso de los tiempos, las desviaciones que justifican las críticas de Guénon con respecto a este aspecto del Budismo.

Aunque no se puso aquí en causa ningún punto de la doctrina, hemos juzgado útil dar algunas explicaciones sobre una variante que se puede constatar en las obras de Guénon relativas a una cuestión de una cierta importancia desde un punto de vista histórico.

Es a partir de este momento cuando en todas sus cartas se lamenta de su salud, que ya no volverá a restablecerse.

CAPÍTULO X

EL "SERVIDOR DEL ÚNICO"

Desde hacía tiempo Guénon estaba buscando cómo poner en práctica un proyecto que deseaba mucho y que era motivado por la preocupación que sentía por la seguridad de su vida familiar.

Por ello el 23 de noviembre de 1948 dirigió, al ministerio del Interior Egipcio, al departamento de nacionalización, la petición siguiente *en árabe;* he aquí su traducción:

> *Excelencia*
>
> *No me quejo de nada. Egipto, al cual yo he escogido como patria me ha acogido bien y jamás ha querido expulsarme de mi lugar de residencia.*
>
> *Sin embargo cada vez que considero a mis dos hijas, desearía que fueran egipcias de familia, (de hecho y de derecho).*
>
> *Por su causa y la de mi digna esposa, considero un deber exponeros esta súplica, concerniente a la petición por mí presentada con el objeto de obtener la nacionalidad egipcia.*

Le saluda etc...[112]

ABDEL WAHID YAHIA

Bajo este documento escrito, está *"en francés"* la siguiente frase:

"Los libros de los cuales yo soy el autor, están firmados René Guénon".

Esta nacionalización no la obtuvo hasta después de numerosas gestiones y gracias a una intervención que vino de muy arriba.

Una vez conseguida, René Guénon padeció mucho a causa de los efectos del clima.

En efecto, el invierno de 1948-1949 fue el más duro que se hubiera visto en El Cairo desde hacía mucho tiempo, puesto que en abril de 1949 aún se quejaba del frío, "lo que le parecía la cosa más extraordinaria en esta época del año."

En una de sus cartas nos comunicaba, con una alegría evidente, el nacimiento de su hijo Ahmed, el 5 de septiembre de 1949, habiendo tenido hasta entonces sólo hijas, Khadija y Leila.[113]

A pesar de su estado de salud, Guénon estaba siempre afable y cortés con sus visitantes. A un periodista belga que había venido a verle, para anunciarle "que gracias a haber conocido su ideología había vuelto al Catolicismo", le

---

[112] *L'Égypte Nouvelle,* 1 febrero 1952. Traducido por O. Nawar.
[113] Dicen que Ahmed se parece de una manera asombrosa a su padre.

respondió que saber esto le hacía muy feliz."[114]

Otro visitante nos hace un relato conmovedor:

"Estaba yo frente a un hombre frágil, muy delgado, flaco como un arpa, hubiera dicho Saadi, muy blanco con los ojos muy azules, vestido de una manera sencillísima, con un galabieh y calzado con babuchas, extremadamente cortés aunque silencioso, tan transparente que realmente parecía que ya estuviera en la otra orilla y yo miraba de vez en cuando a nuestros pies, para ver si no fluía ya el río entre nosotros."[115]

Para colmo de sus preocupaciones, a principios de noviembre de 1950 sus tres hijos cayeron enfermos a la vez y hasta que no estuvieron curados, Guénon se negó a ser atendido a tal extremo que el 25 del mismo mes le fue imposible toda actividad y a partir de esa fecha, sus mejores amigos ya no recibieron más cartas de él.

Sin embargo René Guénon había sido atendido admirablemente por su amigo el Dr. Katz, quien le había presentado al Sheikh Abou Bakr; sin embargo las únicas medicinas que consintió en tomar (poco más o menos) eran recurso de una terapéutica natural, pero no preventiva. El transcurso de los acontecimientos debía ver cómo se acentuaba su depresión en general y aparecían trastornos que sin embargo, no podían ser achacados a ninguna lesión de un órgano en concreto.

"Nuestro amigo" nos confesó el Dr. Katz, "se ha negado siempre formalmente a cualquier análisis de laboratorio.

---

[114] G. Boctor. *L'Égypte Nouvelle*, 16 enero 1953.
[115] G. Remond. *L'Égypte Nouvelle*, 1 febrero 1952.

Muchas veces le he rogado que consintiera pero no he obtenido más que la negación más absoluta."[116]

A mediados de diciembre de 1950 el Dr. Katz encontró a René Guénon de nuevo postrado en la cama, con úlceras que se le habían extendido a la pierna derecha. ¿Se trataba quizás de un envenenamiento de la sangre? En todo caso, estas úlceras desaparecieron al cabo de ocho días, después de unas sencillísimas aplicaciones de aceite de bacalao.

Pero algunos días después le apareció una dificultad en el habla. Pronunciaba difícilmente algunas palabras y ejecutaba de manera desordenada ciertos movimientos.

Después, bruscamente, el 7 de enero de 1951, al anochecer, sobrevino el desenlace. Por la mañana se había quejado de una especie de espasmo, de constricciones de la laringe que le impedían ingerir alimentos. Poco después declaró que se sentía muy bien, que era el final y en efecto ya no podía ingerir ninguna medicina. El Dr. Katz le dio entonces unos tónicos cardíacos, pero sin grandes esperanzas.

En un momento dado "declaró a su mujer que deseaba que su gabinete de trabajo continuara tal como estaba, con sus mismos muebles, porque, invisible, él seguiría estando presente allí."

Sobre las 18 horas, a pesar de las dificultades que tenía para respirar, conservaba toda su lucidez. Hacia las 22 horas, ya no pronunciaba más que escasas palabras. Sin embargo varias veces se incorporó en la cama exclamando:

---

[116] *Correspondencia personal.*

"El Nafass Khalass" (¡*El alma se va!*).

El Dr. Katz se vio obligado a ausentarse y debía regresar a las dos de la mañana, pero cuando volvió a dicha hora, René Guénon había ya expirado, a las 23 horas. Sus últimas palabras fueron "Allah, Allah."

"Reposaba en calma con las facciones distendidas, la crispación de las últimas horas había desaparecido".

Su mujer fue admirable en todos los sentidos durante el curso de su enfermedad, velando noche y día; a pesar de estar encinta no se tomó ni un instante de reposo. Fue para ella un desgarro indecible, dado el respeto y admiración que sentía por su marido.

En cuanto al Dr. Katz, no se supo explicar de qué murió René Guénon, sobre todo porque ningún órgano estaba especialmente dañado, "si no es porque el alma se fue misteriosamente".

Los funerales, muy sencillos según la propia voluntad del desaparecido, tuvieron lugar el 8 de enero de 1951, entre las diez y las doce de la mañana. Asistieron el Sheikh Abou Bakr y Mme. Valentin de Saint-Point que se encontraba en la cabecera de René Guénon, la noche de su muerte.[117]

El cuerpo transportado durante unos centenares de metros a hombros, fue luego depositado sobre un furgón automóvil y llevado a la mezquita de Seyidna-Hussein, a dos pasos de la Universidad de El Azhar, (esta mezquita fue en la que René Guénon conoció a su futuro suegro.) Allí fue recitada la oración de los muertos; después de nuevo a pie,

---

[117] La Señora de Saint-Point murió en el Cairo el 28 de marzo de 1953.

el cuerpo volvió a ser transportado a hombros. La comitiva se dirigió al cementerio de Darassa, cerca de la colina de Moqqatan, en un lugar llamado "El Magawarine".

René Guénon fue enterrado en el panteón de la familia de su mujer, el panteón Mohammad Ibrahim y bajo la losa, "su cuerpo velado de lino, reposa sobre la arena, el rostro vuelto hacia La Meca".

Así terminó esta vida simple y modesta, consagrada por entero al servicio de la Verdad y despojada de todas las ambiciones que habitualmente solicitan a los hombres. Aquí la vida se confunde con la obra. ¿Qué más bello elogio podría hacerse?[118]

En efecto no nos permitiremos —y sería totalmente vano— hacer conjeturas sobre el grado de espiritualidad al cual hubiera podido llegar René Guénon. Por eso encontramos lamentable que el Sr. Paul Serant, en un libro que no por esto deja de tener su mérito, se haya permitido formular sobre este asunto una opinión negativa.

Que Guénon haya denunciado los errores del sentimentalismo, no hace "evidente" que haya desconocido el amor bajo su forma más alta, que se podría llamar "la pasión de las cosas divinas" y hasta no se puede estar más persuadido de lo contrario ante una vida animada por la más elevada caridad: la caridad intelectual. Toda la vida y toda la obra de René Guénon —su muerte también— son testigos de la presencia constante de virtudes a las cuales el Cristianismo da el adjetivo de "teologales", la Fe, la

---

[118] Algunos meses más tarde, el 17 de mayo 1951, nacía un niño, hijo póstumo de René Guénon, a quien se le impuso el nombre de su padre; Abdel Wahed.

Esperanza y la Caridad. ¿Quién podría creer que este "combatiente de Allah" no poseía la Fe, ni alimentaba la Esperanza de ser reunido con El y de reanimar su Amor en el corazón de los hombres?

Por lo tanto, ¿cómo puede osarse escribir "sin duda, al hombre como a la obra les faltaba algo? ¿Y qué era eso, por cierto? Quizás el privilegio que consagra la victoria del espíritu y que el hombre no adquiere jamás por sus propios méritos, estuvieran ellos forjados mil veces al fuego del más puro conocimiento, este privilegio al que la tradición occidental ha dado una vez por todas el nombre de santidad." Convencidos de nuestra impotencia en penetrar el secreto mas íntimo de un ser, nos guardaremos bien de adelantar sobre René Guénon, una calificación cualquiera, pero a menos de limitar la santidad a sus normas cristianas, ¿en virtud de qué autoridad o de que conocimiento trascendente se permiten negarle este privilegio?

René Guénon no ha dejado obras inéditas, pero expresó el deseo de que fueran reunidos en volúmenes los numerosos artículos aparecidos en diversas publicaciones y que él no integró en las obras que ya tenía compuestas.

Dos volúmenes han aparecido ya: *Initiation et Réalisation Spirituelle* y *Aperçus sur l'ésotérisme Chrétien* que completan respectivamente *Les Aperçus sur l'Initiation* y *L'Esotérisme de Dante*.

Queda la materia de varios otros volúmenes sobre la Masonería, el simbolismo universal, la cosmología sagrada, el esoterismo islámico y ciertos aspectos del hinduismo.

Formulamos el voto de que estas obras sean pronto publicadas, para que los investigadores puedan tomar conocimiento de la totalidad de una obra que no tiene equivalente en ningún idioma.

CAPÍTULO XI

DESPUÉS DE LA PARTIDA DEL SEMBRADOR

Concluida la historia del hombre que fue conocido con los nombres de René Guénon y de Abdel Wahed Yahia, otra historia continúa, la cual no está próxima a su fin, a menos que no se realicen a corto plazo las más sombrías previsiones sobre la suerte del mundo moderno: la historia de la obra de René Guénon.

Es sin duda demasiado temprano para predecir qué fruto dará su obra. La voz de René Guénon, ¿será aquella que clama en el desierto, o bien tendrá una influencia apreciable en el curso de la historia?

Hoy estaríamos tentados a contestar, ni una cosa ni otra, pero ¿quién puede saber qué nos reserva el mañana?

Ciertamente no una voz en el desierto, pues siete años después de la desaparición de este hombre, su obra conserva todo su poder de atracción; durante siete años, hombres pertenecientes a corrientes tradicionales diferentes, han mantenido la revista *"Études Traditionnelles"*, de la cual René Guénon fue el animador, inspirándose en los principios mismos de la obra guenoniana; en fin, están todos aquellos que sin tener que manifestarlo con escritos, han encontrado o reencontrado —y cada día encuentran o reencuentran— gracias a la obra de Guénon, el camino de la Tradición. Pero estos, relativamente numerosos con respecto a la débil difusión de los libros de Guénon, no son más que una insignificante minoría esparcida por las cuatro esquinas del mundo.

De seguro, Guénon lo dijo, la cantidad en un principio importa poco. Sin embargo durante este tiempo, la humanidad va descendiendo por la pendiente de la historia y ciertas esperanzas se tornan cada vez más frágiles.

Guénon preconizaba el acercamiento entre un Occidente vuelto tradicional y un Oriente que así había permanecido.

Pero, ¿qué vemos nosotros? Un Occidente dividido, sometido por todas partes a las influencias anti-tradicionales y un Oriente cuyas estructuras tradicionales se disgregan y que se está convirtiendo en tan "moderno" como Occidente.

Guénon preconizaba el restablecimiento de las relaciones normales entre la autoridad espiritual y el poder temporal. Pero nosotros vemos por todas partes a las autoridades espirituales padecer cada vez más —bajo una forma brutal o bajo una forma insinuante— la presión de los poderes temporales.

A decir verdad, Oriente y Occidente no tienen gran cosa que envidiarse —o que reprocharse. Y si quizás aún puede entreverse la posibilidad de un acercamiento entre uno y otro en un porvenir más o menos lejano, ¿no será por la unificación de la humanidad bajo el espectro de la contratradición?

Debemos decirlo, si la obra de Guénon ha transformado literalmente la existencia de un cierto número de occidentales, las advertencias hechas a las colectividades han quedado sin eco. Citaremos dos ejemplos característicos que ponen en evidencia la penetración de nuestro autor:

"Los occidentales, a pesar de la alta opinión que tienen de sí mismos y de su civilización, sienten que el dominio del resto del mundo está muy lejos de estar asegurado de una manera definitiva y puede estar a la merced de acontecimientos que les son imposibles de prever y con mayor motivo impedir. Solamente, lo que no quieren ver, es que la causa principal de los peligros que los amenazan reside en el carácter mismo de la civilización europea; todo lo que no se apoya más que en el orden material como es el caso, no puede tener más que un éxito pasajero; la variación, que es la ley de ese dominio esencialmente inestable, puede tener las peores consecuencias en todos los órdenes y esto con una rapidez tanto más fulgurante cuanto la velocidad adquirida es más grande; el exceso mismo del progreso material, comporta el riesgo de que desemboque en algún cataclismo.

Consideremos el incesante progreso de los medios de destrucción, del papel cada vez más considerable que disfrutan en las guerras modernas, las perspectivas poco tranquilizadoras que ciertos inventos abren para el porvenir y no se estará tentado de negar una tal posibilidad y que además las máquinas que están expresamente destinadas a matar no son el único peligro. Al punto al que las cosas han llegado, a partir de este momento, no hace falta demasiada imaginación para representarse a Occidente acabando destruyéndose a sí mismo, sea en una guerra gigantesca, de que la última no da idea siquiera, o por los efectos imprevistos de algún producto que, manipulado imprudentemente, será capaz de hacer saltar, no ya una fábrica o una ciudad, sino todo un continente.

Pero todavía nos está permitido esperar que Europa y hasta América puedan detenerse en este camino y se recobren antes de llegar a estos extremos."[119]

Estas líneas fueron escritas en 1924, sin duda aun le hace falta menos imaginación al hombre de 1957 para representarse lo que el autor veía en perspectiva... y que amenaza por igual a Oriente que a Occidente. Pero ahora ya no nos está permitido esperar que Europa y América se detengan en este camino por el cual está siendo arrastrado a su vez el Oriente.

De esa misma obra citemos aun otras líneas de una singular actualidad y de la que tanto los Orientales como los Occidentales habrían sacado gran provecho si les hubieran prestado atención.

Después de haber ironizado un poco (quizás demasiado pronto) sobre el miedo al "peligro amarillo" contra el cual el temperamento pacífico de los chinos, sería la mejor garantía, Guénon escribía:

"Hay costumbre también de agitar a troche y moche el espectro del "panislamismo"; aquí sin duda el miedo está menos absolutamente desprovisto de fundamento, pues los pueblos musulmanes, que ocupan una situación intermedia entre Oriente y Occidente, tienen a su vez ciertos rasgos de unos y de otros y tienen, desde luego, un espíritu notablemente más combativo que el de los orientales puros;

---

[119] "Orient et Occident" ch. IV; "Terreurs chimeriques et dangers reels".

pero, en fin, no debemos exagerar. El verdadero panislamismo es ante todo una afirmación de principio de un carácter esencialmente doctrinal. Para que tome la forma de una reivindicación política, hace falta que los europeos hayan cometido muchas torpezas; en todo caso no tiene nada en común con un "nacionalismo" cualquiera, que es totalmente incompatible con los conceptos fundamentales del Islam. En suma, en muchos casos (y pensamos sobre todo en Africa del Norte), una política de "asociación", bien comprendida, respetando íntegramente la legislación islámica e implicando una renuncia definitiva a toda tentativa de "asimilación", bastaría probablemente para apartar el peligro si es que hay peligro".[120]

Ahí Guénon también nos resulta adivino y estos dos ejemplos bastan para dar a entender cuán pocas son las posibilidades de salida para una obra como la de Guénon en el orden colectivo.

Por el contrario, en el orden individual, hay varios centenares de hombres y mujeres para quienes el encuentro con la obra de Guénon ha sido el acontecimiento mayor de sus existencias… ¿Qué ha traído, pues, Guénon que resulte tan "nuevo" y tan importante?

Describiendo su vida hemos ido señalando mientras lo hacíamos, en ocasión de la publicación de sus libros, las ideas directrices de su obra.

En algunas de ellas continúa una corriente "tradicionalista" del siglo XIX, Fabre d'Olivet y Joseph de Maistre en primer lugar, cuyos trabajos conoció y que cita algunas veces, corriente de pensamiento que ha tenido

---

[120] "Orient et Occident" ch. IV.

bastantes otros representantes que Guénon no ha tenido necesariamente que conocer, pero que sí forman como una cadena que se une con la época de su juventud.

En un artículo que citamos precedentemente, Mme. Marie-Paul Bernard escribe:

"...está al alcance de cualquiera constatar que ciertas nociones capitales, vueltas a sacar a la luz por René Guénon con una fuerza y una claridad inigualables no habían sin embargo desaparecido jamás de la consciencia occidental, puesto que se pueden encontrar huellas de ella durante el curso del siglo XIX.

"Se puede citar la noción de Tradición Primordial, la de la identidad del contenido esencial de todas las tradiciones, la teoría de los ciclos cósmicos, la universalidad y el papel privilegiado del simbolismo como medio de expresión de realidades espirituales más profundas. Tales concepciones, que escapan en gran parte a la perspectiva exotérica y son totalmente extrañas a la filosofía profana, quedan fuera de la instrucción religiosa corriente, como de la cultura general "mundana", pero eruditos, tanto católicos como protestantes, no han cesado de recordarlas durante todo el curso de un siglo, que en tantos otros aspectos, merece tan bien el epíteto de "estúpido" que le concedió León Daudet".[121]

Y el autor recuerda *les Religions de l'Antiquité* de Creuzar y Guignaut (1825-1821), *Des Couleurs Symboliques dans l'antiquité, le Moyen Age et les temps modernes* de Portal (1847), *le Catholicisme avant Jésus-*

---

[121] "Les idées traditionnelles au temps des grands illusions" n° dic. 1956 des Ed. Trad.

Christ de l'Abbé P.J. Jallabert (1872) y conviene añadir a esta enumeración —que no tiene por supuesto nada de limitativo— las obras de Saint-Ives d'Alveydre, contemporáneo de juventud de Guénon.

Pero si estos autores hubieran conseguido asegurar la persistencia en el seno del mundo occidental de ciertas verdades que se han convertido en extrañas a la mentalidad moderna, no pudieron jamás, no quisieron o no se atrevieron a romper totalmente con ésta; tampoco supieron presentar nunca un conjunto doctrinal completo y coherente; no habían sabido sobre todo "devolver" la doctrina de la Identidad Suprema donde ya no se encuentra huella alguna después del Maestro Eckhart a excepción quizás de algunas líneas de Villiers de l'Isle-Adam[122] sobre todo no formularon la teoría de la iniciación y la realización metafísica, de suerte que por así decir, no se sabía qué hacer de las realidades tradicionales que recordaban estos autores y así estos quedaban como objeto de pura especulación o hasta que simple curiosidad, para aquellos muy escasos que consentían en acogerlos. Y además todos, o casi todos, hablaban un lenguaje cristiano; algunos testimoniaban una erudición incierta o de una imaginación excesiva, que impedía tomar en serio lo válido que sin embargo había, en sus escritos.

Ahora bien no debemos olvidar que la inteligencia occidental, se despegó en gran parte del Cristianismo a partir del siglo XVIII; que el siglo XIX ha visto además los progresos crecientes del escepticismo, del racionalismo y del materialismo, el conflicto de la ciencia con la religión, que ha destrozado la consciencia de los creyentes, a los que

---

[122] Cf. sobre éste del artículo antes citado de Mme. Marie-Paule Bernard.

dejaba desamparados una apologética a menudo inhábil. Hablar en nombre de la tradición cristiana era despertar "a priori" el escepticismo o la desconfianza.

Es en este ambiente donde nacieron la mayor parte de las individualidades que iban a conocer la obra de Guénon a partir de 1921.

Si bien es cierto que el título de su primer libro *Introduction Générale à l'étude des Doctrines Hindoues* iba a contribuir a dejar indiferentes a ciertos lectores cristianos, no es menos cierto que había más probabilidades de atraer la atención de los lectores más o menos descristianizados, en busca de otra cosa que el Cristianismo tal como ellos lo conocían y de la filosofía contemporánea.

Por su lenguaje, por la especie de indiferencia superior que manifestaba con respecto a las formas tradicionales, el autor descartaba de entrada la sospecha de apologética Cristiana, y para algunos esto era realmente tranquilizador. Para hacerse escuchar por estos antiguos cristianos, el medio más seguro era hablar en nombre de una tradición lejana. Ya algunos lo habían pretendido —con otras intenciones— pero esta vez se notaba que era verdad. Y con *L'homme et son devenir selon le Vedanta* y los otros libros doctrinales, era el exponente de una metafísica verdaderamente universal, la demostración a partir de unos postulados muy simples y con un aparato lógico muy riguroso, de la Doctrina de la Identidad Suprema y de la posibilidad para el ser que actualmente está en el estado humano de llegar a realizar, en esta vida, estados superiores y esperar la liberación final.

Habiendo despertado así el deseo de la realización espiritual latente en el alma de todo hombre dotado para ello, Guénon emprendió la tarea de indicar los medios para alcanzar el objetivo que precedentemente había mostrado, o por lo menos para dar algunos pasos hacia esa meta. Y he aquí otra aportación capital de Guénon, la más "inédita", haber formulado el primero la teoría de la iniciación, concebida como la transmisión de una influencia espiritual que engendra por medio de un segundo nacimiento al "hombre nuevo" que es el núcleo mismo de la realización espiritual.

Otro punto extremamente importante es el de haber afirmado en el seno de las tradiciones de forma religiosa la distinción entre el exoterismo (religión) y el esoterismo (iniciación) y al mismo tiempo su inseparabilidad, corteza y núcleo del mismo fruto que es la tradición total.

El grave peligro de las exposiciones que se refieren al esoterismo y a la iniciación, sin las precauciones que toma Guénon, sería el de desviar de la religión, considerada buena sólo para el vulgo, a los aspirantes a la iniciación, que anteriormente eran fieles a un exoterismo regular y dejar sin un ligazón tradicional a los "infieles" teóricamente "convertidos" y en busca de una iniciación.

Pero aquel que ha leído bien a Guénon comprende que el primer paso en vistas a la iniciación es el de integrarse a una tradición regular, en su aspecto exotérico o seguir sus prescripciones con un rigor y un fervor acrecentados si es ya un exoterista practicante.

De esta forma, el que no obtenga la iniciación, por un motivo u otro, estará en seguridad espiritual y trabajará con una consciencia más clara y una comprensión más profunda para su propia "salvación", que es la salida virtual de la ronda de las existencias.

Gracias a la obra de René Guénon, un cierto número de occidentales, han vuelto a encontrar el camino de la Tradición, generalmente bajo la forma del Catolicismo Romano que es la tradición regular normal de Europa y de sus prolongamientos étnicos (a excepción de Europa del Este, colocada bajo la regencia de las iglesias llamadas ortodoxas). Y éste es un resultado cuya importancia no será jamás lo bastante subrayada en nuestra época de descristianización. Pero muchas de estas personas se han encontrado delante de una cruel perplejidad ante el problema de la iniciación.

No pretendemos resolver este problema, pues es la Vía la que escoge al Hombre y no a la inversa, pero nos parece oportuno precisar cómo se plantea, si es verdad que un problema bien planteado está a mitad resuelto. Guénon ha fijado los elementos de una manera clara y no pensamos alterar su idea resumiéndolos como sigue:

1. La obra de Guénon se propone como meta la restauración del espíritu tradicional integral en Occidente, esto de una manera más o menos extendida según que la elite occidental haya podido o no, ejercer una influencia apreciable sobre el ambiente.
2. Esta restauración supone, para algunos por lo menos, un conocimiento y una comprensión del Cristianismo en sus aspectos más internos y más profundos.
3. Un conocimiento verdadero no podría ser únicamente teórico o especulativo.
4. El acceso al conocimiento efectivo, que también se puede designar como la realización espiritual o la realización metafísica, supone:
   a) la recepción de la iniciación virtual, por un rito que se superpone a los ritos exotéricos de los cuales

participan todos los fieles:
b) la comunicación de métodos apropiados para actualizar la virtualidad conferida por la transmisión iniciática.
5. Un exoterismo es indispensable a cualquier hombre, aunque éste sea un iniciado.
6. La iglesia Católica es el soporte normal de una restauración del espíritu tradicional integral en Occidente, por lo tanto el soporte normal de la vía exotérica de una elite Occidental.
7. Poniendo aparte la sobrevivencia de iniciaciones cristianas en el seno de la Iglesia latina, conservadas en medios muy restringidos y prácticamente inaccesibles, no existe más que una organización iniciática auténtica esparcida en el mundo occidental y accesible a todo hombre de buena voluntad: la Masonería (estando la iniciación "compagnonnique" ligada al ejercicio de ciertos oficios). Esta, que se ha vuelto especulativa a partir de 1717, no posee ya más que los ritos de iniciación a los diferentes grados y los ritos de apertura y final de los trabajos: excluyendo toda técnica de realización.
8. En fin hay que añadir, lo que todo el mundo sabe: la Iglesia Católica ha condenado la Franc-Masonería y excomulgado a sus miembros.

Ante este cuadro nos parece que las soluciones teóricamente posibles son de un numero limitado si se reconoce la autoridad de la obra de René Guénon, bajo todos sus aspectos.

1. Remanifestación de las iniciaciones Cristianas conservadas en el seno de la Iglesia Latina que, según modalidades que se nos escapan, estimarían oportuno volverse menos inaccesibles.

2. Modificación de las relaciones entre la Iglesia y los masones que no profesen ninguna ideología legítimamente condenada por la Sede Romana y deseosos de seguir íntegramente el exoterismo Católico. Una segunda etapa comportaría entonces la búsqueda de los medios de restituir las técnicas propias a la actualización de la iniciación masónica.

Aquí pueden entreveerse dos posibilidades:

a) o bien la restitución de los métodos por medio de alguna de las iniciaciones cristianas precitadas, que habrían recogido con el tiempo los depósitos "técnicos" perdidos por la Masonería, o bien que poseyeran la ciencia suficiente para proceder a una adaptación.

b) o bien la restitución de los métodos, por medio de una ayuda oriental que no sería ya, esta vez, de orden teórico, lo que supondría que la organización oriental pertenece a una forma muy próxima a aquella que recoge la iniciación masónica y posee datos de ciencias tradicionales muy vastos.

Comprendemos que todas estas soluciones presentan un número respetable de dificultades y que algunas de ellas no pueden ser superadas por la sola iniciativa individual.[123]

---

[123] Ante las evidentes dificultades, ciertos lectores de Guénon han tomado el partido de buscar la iniciación bajo una de sus formas orientales, lo que puede ciertamente justificarse como solución individual, pues se comprende fácilmente que tal "desplazamiento" implica condiciones externas de existencia y disposiciones internas que son difíciles de reunir. Pero esta solución que no es susceptible de generalizarse para todos los hombres dotados para ello, que todavía puedan existir en Occidente, no contribuye en nada a la formación de

Para comenzar hace por supuesto falta que algunas personas tengan la clara conciencia de lo que se ha de realizar y la firme voluntad de realizarlo. Y sin duda algunos estarían en disposición de dar el primer paso ya desde ahora.[124]

Esta es, en todo caso, una preparación que está al alcance de todos: es la adquisición de este conocimiento teórico extenso e inconmovible que Guénon ponía como condición previa para toda tentativa de realización.

Precisemos: conocimiento de la obra de Guénon en su totalidad y conocimiento en la medida compatible con la disciplina del secreto de lo que ha llegado hasta nosotros del esoterismo occidental.

Para facilitar esta preparación indispensable sin dejar de otorgar su parte a las doctrinas orientales, nos hemos dedicado desde la muerte de Guénon, en nuestra revista *Études Traditionnelles,* a publicar traducciones y reimpresiones de textos esenciales del esoterismo Cristiano y de la Kábbala, con la esperanza de que, como decía Jean

---

una elite occidental relativamente importante y sólidamente constituida, lo cual es sin embargo el objetivo primero de Guénon y la eventualidad más favorable, no solamente para Occidente sino para la humanidad entera.

[124] Los lectores que estén interesados en estas consideraciones, encontrarán precisiones y un mayor desarrollo del tema en varios artículos del Señor Jean Reyor, aparecidos en "Études Traditionnelles" y en los cuales nos hemos inspirado ampliamente en las últimas páginas del presente capítulo; "Esoterismo y Exoterismo Cristianos" (n° abril-mayo, julio-agosto 1952; octubre-noviembre 1953; enero-febrero y marzo 1954); "A propos d'un nouveau livre de René Guénon (n° junio y septiembre 1954) "Pour une Maçonnerie Traditionnelle" (n° abril-mayo 1955); "Initiation et Moment Cosmique d'aprés l'oeuvre de René Guénon (n° enero-febrero 1956).

Reyor: "La cosecha pueda recogerse después de la muerte del Sembrador".

Pueda nuestro modesto esfuerzo contribuir así a colmar los deseos de aquel a quien se ha llamado, con razón, el mayor de los maestros intelectuales que el Occidente haya conocido desde el final de la Edad Media.

Otros libros

"En el islamismo, la tradición es de doble esencia, religiosa y metafísica"

OMNIA VERITAS LTD PRESENTA:
RENÉ GUÉNON
APERCEPCIONES SOBRE EL ESOTERISMO ISLÁMICO Y EL TAOÍSMO

Se las compara frecuentemente a la "corteza" y al "núcleo" (el-qishr wa el-lobb)

«A menudo nos concentramos en los errores y confusiones que se hacen sobre la iniciación...»

Omnia Veritas Ltd presenta:
RENÉ GUÉNON
APERCEPCIONES SOBRE LA INICIACIÓN

Somos conscientes del grado de degeneración al que ha llegado el Occidente moderno ...

« Este cambio convirtió al cristianismo en una religión en el verdadero sentido de la palabra y una forma tradicional ... »

OMNIA VERITAS LTD PRESENTA:
RENÉ GUÉNON
APRECIACIONES SOBRE EL ESOTERISMO CRISTIANO

Las verdades esotéricas estaban fuera del alcance del mayor número...

Omnia Veritas Ltd presenta:

RENÉ GUÉNON
AUTORIDAD ESPIRITUAL Y PODER TEMPORAL

"La distinción de las castas constituye, en la especie humana, una verdadera clasificación natural a la cual debe corresponder la repartición de las funciones sociales."

La igualdad no existe en realidad en ninguna parte

Omnia Veritas Ltd presenta:

RENÉ GUÉNON
EL ERROR ESPIRITISTA

En nuestra época hay muchas otras "contraverdades" que es bueno combatir...

Entre todas las doctrinas "neoespiritualistas", el espiritismo es ciertamente la más extendida

Omnia Veritas Ltd presenta:

RENÉ GUÉNON
EL ESOTERISMO DE DANTE

« Dante indica de una manera muy explícita que hay en su obra un sentido oculto, propiamente doctrinal, del que el sentido exterior y aparente no es más que un velo »

... y que debe ser buscado por aquellos que son capaces de penetrarle

La vida simple de René Guénon

OMNIA VERITAS

"Cuando consideramos lo que es la filosofía en los tiempos modernos, no podemos impedirnos pensar que su ausencia en una civilización no tiene nada de particularmente lamentable."

El Vêdânta no es ni una filosofía, ni una religión

OMNIA VERITAS

OMNIA VERITAS LTD PRESENTA:

RENÉ GUÉNON

EL REINO DE LA CANTIDAD Y LOS SIGNOS DE LOS TIEMPOS

« Porque todo lo que existe de alguna manera, incluso el error, necesariamente tiene su razón de ser »

... y el desorden en sí mismo debe encontrar su lugar entre los elementos del orden universal

OMNIA VERITAS

OMNIA VERITAS LTD PRESENTA:

RENÉ GUÉNON

EL REY DEL MUNDO

"Un principio, la Inteligencia cósmica que refleja la Luz espiritual pura y formula la Ley"

El Legislador primordial y universal

Omnia Veritas Ltd presenta:

RENÉ GUÉNON

ESTUDIOS SOBRE LA FRANCMASONERIA Y EL COMPAÑERAZGO

«Entre los símbolos usados en la Edad Media, además de aquellos de los cuales los Masones modernos han conservado el recuerdo aun no comprendiendo ya apenas su significado, hay muchos otros de los que ellos no tienen la menor idea.»

la distinción entre "Masonería operativa" y "Masonería especulativa"

OMNIA VERITAS LTD PRESENTA:

RENÉ GUÉNON

FORMAS TRADICIONALES Y CICLOS CÓSMICOS

« Los artículos reunidos en el presente libro representan el aspecto más "original" de la obra de René Guénon.»

Fragmentos de una historia desconocida

Omnia Veritas Ltd presenta:

RENÉ GUÉNON

INICIACIÓN Y REALIZACIÓN ESPIRITUAL

« Necedad e ignorancia pueden reunirse en suma bajo el nombre común de incomprensión »

La gente es como un "reservorio" desde el cual se puede disparar todo, lo mejor y lo peor

OMNIA VERITAS LTD PRESENTA:

RENÉ GUÉNON
INTRODUCCIÓN GENERAL AL ESTUDIO DE LAS DOCTRINAS HINDÚES

« Muchas dificultades se oponen, en Occidente, a un estudio serio y profundo de las doctrinas orientales »

... este último elemento que ninguna erudición jamás permitirá penetrar

Omnia Veritas Ltd presenta:

RENÉ GUÉNON
LA CRISIS DEL MUNDO MODERNO

«Parece por lo demás que nos acercamos al desenlace, y es lo que hace más posible hoy que nunca el carácter anormal de este estado de cosas que dura desde hace ya algunos siglos»

Una transformación más o menos profunda es inminente

Omnia Veritas Ltd presenta:

RENÉ GUÉNON
LA GRAN TRÍADA

«En todo ternario tradicional, cualesquiera que sea, se quiere encontrar un equivalente más o menos exacto de la Trinidad cristiana»

se trata muy evidentemente de un conjunto de tres aspectos divinos

« La metafísica pura, al estar por esencia fuera y más allá de todas las formas y de todas las contingencias »

no es ni oriental ni occidental, es universal

«Según la significación etimológica del término que le designa, el Infinito es lo que no tiene límites»

La noción del Infinito metafísico en sus relaciones con la Posibilidad universal

«... nos ha parecido útil emprender este estudio para precisar algunas nociones del simbolismo matemático »

OMNIA VERITAS LTD PRESENTA:

RENÉ GUÉNON

LOS PRINCIPIOS DEL CÁLCULO INFINITESIMAL

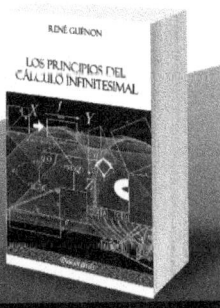

Esa ausencia de principios que caracteriza a las ciencias profanas

Omnia Veritas Ltd presenta:

RENÉ GUÉNON

MISCELÁNEA

"Hay cierto número de problemas que constantemente han preocupado a los hombres, pero quizás ninguno ha parecido generalmente tan difícil de resolver como el del origen del Mal"

Este dilema es insoluble para aquellos que consideran la Creación como la obra directa de Dios

Omnia Veritas Ltd presenta:

RENÉ GUÉNON

ORIENTE Y OCCIDENTE

«La civilización occidental moderna aparece en la historia como una verdadera anomalía...»

Esta civilización es la única que se ha desarrollado en un aspecto puramente material

Omnia Veritas Ltd presenta:

RENÉ GUÉNON

ESCRITOS PARA

REGNABIT

«Esa copa sustituye al Corazón de Cristo como receptáculo de su sangre. ¿Y no es más notable aún, en tales condiciones, que el vaso haya sido ya antiguamente un emblema del corazón?»

El Santo Grial es la copa que contiene la preciosa Sangre de Cristo

La vida simple de René Guénon

www.omnia-veritas.com

www.ingramcontent.com/pod-product-compliance
Lightning Source LLC
Chambersburg PA
CBHW051107160426
43193CB00010B/1354